Lo que opina la gente acerca de
Sopa de pollo para el alma del cristiano . . .

"*Sopa de pollo para el alma del cristiano* es la posibilidad de pensar, manifestándose a sí misma como pequeñas historias que irresistiblemente tiran con fuerza de tu corazón y dejan recuerdos para toda la vida. Te encantará este libro."

Dr. Robert H. Schuller

"Gracias por compartir más relatos que nos recuerdan el verdadero significado de la vida. *Sopa de pollo para el alma del cristiano* me hizo reír y llorar; y lo mejor de todo: ¡no engorda!"

Cindy Crawford

"¿Quién cree que la fila frente a la registradora de una tienda pueda tener alguna importancia? ¡Estas historias nos recuerdan que así es! Tales escenarios, aparentemente fortuitos e inesperados, siempre nos brindan la oportunidad para exhibir la grandeza de la bondad que nos ofrecemos unos a otros, para experimentar sutil y coloridamente las cualidades maravillosas, santas y curativas de Dios que están en cada uno de nosotros. Lea esto e inspírese para experimentar más de estas exquisitas cualidades, todos los días, dondequiera que vaya, haga lo que haga."

Ashley Judd

"Este libro, que provoca a la reflexión, modificará la manera en que usted siente, piensa y cree. Léalo."

Bob Harrison

SOPA DE POLLO PARA EL ALMA DEL CRISTIANO

Título original en inglés: *Chicken Soup for the Christian Soul*
Stories to Open the Hearts and Rekindle the Spirit

Revisión y asesoría lingüística: Myriam Ananías

Publicado por Backlist, LLC,
una unidad de Chicken Soup for the Soul Publishing, LLC.
www.chickensoup.com

Rediseño de la portada: Andrea Perrine Brower
Portada: vitral de la Primera Iglesia Bautista de Fort Lauderdale, Florida, Dr. Larry Thompson, Pastor Delegado. Vitral creado por Statesville Stained Glass. Statesville, Carolina del Norte. Fortografía de Gerhard Heidersberger
Publicado originalmente en 1997 por Health Communications, Inc.
Nuevo rediseño del lomo y de la cubierta: Pneuma Books, LLC

Distribuido por Simon & Schuster. SAN: 200-2442

Publisher's Cataloging-In-Publication Data
(Prepared by The Donohue Group, Inc.)

[Chicken soup for the Christian soul. Spanish]
Sopa de pollo para el alma del Cristiano : relatos que conmueven el corazón y ponen fuego al espíritu / [compiled by] Jack Canfield, Mark Victor Hansen, Patty Aubery, Nancy Mitchell Autio.

pages ; cm

Translation of: Chicken soup for the Christian soul.
Originally published: Deerfield Beach, Florida : Health Communications, Inc., c1997.
ISBN: 978-1-62361-126-2

1. Christian life—Anecdotes. 2. Christian life—Literary collections. 3. Anecdotes. I. Canfield, Jack, 1944- II. Hansen, Mark Victor. III. Aubery, Patty. IV. Mitcheall-Autio, Nancy. V. Title.

BV4515.2 .C45218 2014
242/.02   2014913840

SOPA DE POLLO PARA EL ALMA DEL CRISTIANO

Relatos que conmueven el corazón y ponen fuego en el espíritu

Jack Canfield
Mark Victor Hansen
Patty Aubery
Nancy Mitchell Autio

Backlist, LLC, a unit of
Chicken Soup for the Soul Publishing, LLC
Cos Cob, CT
www.chickensoup.com

Índice

3. SOBRE LOS PADRES Y LA PATERNIDAD

4. SOBRE LA FE

5. SOBRE LA FACETA MÁS LIGERA

6. SOBRE LA MUERTE Y EL MORIR

Introducción

Nos sentimos verdaderamente bendecidos por haber tenido la oportunidad de crear este libro. Ha sido una auténtica obra de amor para nosotros y, como todos los proyectos divinamente inspirados, la gratificación ha sido mucho mayor que el esfuerzo puesto en él. Desde el momento en que fue concebido, sentimos el poder del amor que fluía a nuestro alrededor y la mano de Dios que nos dirigía en cada paso. Desde el principio hemos venido experimentando milagros, ¡desde abrir la Biblia justamente en el pasaje que necesitábamos, hasta encontrar en el Internet al sobrino de un escritor que no podíamos localizar! Es nuestro más ferviente deseo que, al leer este libro, reciban tantas bondades como nosotros al recopilarlo, revisarlo y escribirlo.

Desde que en 1993 se publicó el libro original de *Sopa de pollo para el alma*, hemos venido recopilando y revisando historias para *Sopa de pollo para el alma del cristiano*. Lectores como ustedes nos han enviado más de siete mil relatos, los cuales hemos revisado y nos han conmovido enormemente. Los 57 relatos que usted tiene en sus manos son el resultado de lecturas y revisiones interminables que se hicieron para seleccionar justo aquellos que lograran tocar las fibras más intimas y profundas de su ser. Una vez que tuvimos el libro reducido a las doscientas mejores historias, le pedimos a un panel de más de cuarenta amigos cristianos que escogieran las 57 que encontraran más amenas. Por lo tanto, creemos que nuestra selección ha sido universal en interés e imponente en cuanto al impacto causado a nuestros lectores.

Estamos seguros de que estas historias harán más profunda su fe en el Señor y amplirán su percepción sobre cómo poner en práctica los valores cristianos en el diario vivir, tanto en casa, como en el trabajo y en la comunidad. Estas historias abrirán su corazón para que puedan experimentar y expresar más amor en sus vidas, los harán más compasivos y los inspirarán para realizar actos más sublimes de caridad y filantropía; los conducirán a perdonar a otros por sus faltas y a ustedes mismos por sus deficiencias; los motivarán a defender sus creencias y a creer en lo que defienden. Y, quizás lo más importante, les recordarán que nunca están solos o sin esperanza, por más desafiantes y dolorosas que parezcan las circunstancias.

He aquí algunos comentarios de nuestros lectores, quienes nos cuentan de qué manera las historias de la serie *Sopa de pollo para el alma* han influido en sus vidas:

Recibí el tercer libro mientras me recuperaba de lupus en el hospital. Ahora tengo una visión mucho más positiva y práctica de la vida...Cada historia, a su manera, me ha enseñado algo.

Hong-Chau Tran, 21 años

He logrado sobrevivir estando enfermo de sida. El capellán de la prisión me prestó su libro **Sopa de pollo para el alma** y debo admitir que nunca había leído algo tan reconfortante y agradable. *Las historias eran reales. Fueron de gran inspiración.*

Anónimo

Una mañana me desperté y vi que la mitad de mi cara estaba afectada con la parálisis de Bell. Generalmente sus efectos duran de tres semanas a tres meses. A la mitad de la lectura de **Sopa de pollo para el alma,** *mi cara comenzó a recobrar movimiento. Cuando me nombraron la "Mejor Sonrisa" en el último curso de secundaria, no pude evitar pensar en este libro y en el profundo impacto que tuvo en mi vida.*

Kyle Brown

Mi papá nos leyó historias de **Sopa de pollo para el alma** *a la hora de la cena. Después de leer algunas historias reímos, lloramos y nos sentimos conmovidos. Esa noche mi familia estuvo más unida que nunca.*

Vanessa Sim, 7o. grado

Tenía intenciones de terminar con mi vida a los 14 años de edad. Había tenido esa idea durante 10 años. Ahora, después de leer sus libros, me prometí a mí mismo no volver a abrigar esa clase de sentimientos jamás.

Anónimo

Actualmente estoy cumpliendo una sentencia de cuatro años. Mi maltratado ejemplar de **Sopa de pollo para el alma** *ha circulado por todo el dormitorio de 121 internos. Sin excepción estos violentos, despiadados y tercos pandilleros, se han sentido*

*enormemente conmovidos, algunas veces hasta las lágrimas,
con una u otra historia de este maravilloso libro.*

Anónimo

Es nuestro más ferviente deseo ofrecerles *Sopa de
pollo para el alma del cristiano.* Rezamos para que ustedes,
al leer estas historias, sientan el mismo amor, la misma
inspiración, aliento y paz que nos trajeron a nosotros.
Rezamos para que su corazón se abra, sus heridas
espirituales y emociones se curen y su alma rebose de
infinita alegría. ¡Les enviamos nuestro amor y pedimos
a Dios que los bendiga!

*Jack Canfield, Mark Victor Hansen,
Patty Aubery y Nancy Mitchell*

1

SOBRE EL AMOR

El amor es paciente y bemgno. El amor no es celoso, no es jactancioso y no es orgulloso. El amor no es descortés, no es egoísta y no se irrita con los demás. El amor no cuenta faltas que se han cometido. El amor no se goza de la injusticia, mas se goza de la verdad. El amor acepta pacientemente todas las cosas. Siempre confía, siempre espera y siempre permanece fuerte.

1 Co. 13:4-7

¿Dónde está el Niño Jesús?

Honraré la Navidad en mi corazón y trataré de mantenerla todo el año.

Charles Dickens

¡¿Un nacimiento sin el Niño Jesús?!
Cada Navidad coloco con orgullo uno en mi hogar. Para mí, es un recuerdo de una Navidad en la que compré un nacimiento roto.

Yo estaba amargada y descorazonada aquel año porque mis padres, después de 36 años de matrimonio, se estaban divorciando. No podía aceptar su decisión de separarse, así que me deprimí, sin darme cuenta de que ellos necesitaban de mi amor y de mi comprensión más que nunca.

Mis pensamientos estaban constantemente llenos de recuerdos de mi infancia, con los enormes árboles de Navidad, las decoraciones brillantes, los regalos especiales y el amor que compartíamos como una familia unida. Cada vez que pensaba en aquellos momentos, estallaba en lágrimas, pensando que nunca volvería a sentir el espíritu de la Navidad otra vez. Pero por mis hijos, decidí hacer un esfuerzo y me uní a los compradores de último minuto.

Entre tropezones, empellones y quejidos, la gente tomaba cosas de las repisas y los estantes. Las luces y los adornos de Navidad asomaban de las cajas abiertas, y las pocas muñecas y los muñecos de peluche que estaban en las repisas casi vacías me recordaban a los huérfanos abandonados. Un pequeño nacimiento había caído al piso frente a mi carrito de compras y me detuve para ponerlo en la repisa.

Después de ver la interminable fila para pagar, decidí que no valía la pena el esfuerzo, y ya me había hecho a la idea de irme, cuando repentinamente escuché una voz fuerte y chillona, al otro lado del anaquel.

—¡Sarah! ¡Sácate eso de la boca ahora mismo, o te voy a dar una bofetada!

—¡Pero mamita! ¡No me lo estoy metiendo en la boca! ¿Ves, mamá? ¡Lo estoy besando! ¡Mira, mamita, es un niñito Jesús!

—¡Bueno, no me importa lo que sea! ¡Colócalo en su lugar ahora mismo! ¿Me oíste?

—Pero ven a ver, mamita —insistía la niña—. Está todo roto. ¡Es un pequeño pesebre y el niñito Jesús se rompió!

Mientras escuchaba esto, me descubrí sonriendo y queriendo ver a la pequeña que había besado al Niño Jesús.

Tenía como cuatro o cinco años de edad y no iba adecuadamente vestida para este clima húmedo y frío. Sus trenzas estaban atadas con pedazos de estambre de colores, haciéndola lucir alegre a pesar de su andrajoso atuendo.

Con renuencia, dirigí la mirada hacia su madre. No estaba prestando ninguna atención a la niña, sino que buscaba ansiosa las etiquetas de los abrigos de invierno en el estante de ofertas. Ella también vestía andrajosamente y sus rotas y sucias zapatillas de tenis estaban mojadas por la nieve que se había derretido. En su carrito de compras dormía un pequeño bebé, envuelto en una gruesa y deslavada manta amarilla.

—¡Mamita! —le decía la niña—, ¿no podemos comprar este niñito Jesús? Podríamos ponerlo en la mesa junto al sofá y podríamos...

—¡Te dije que soltaras eso! —interrumpió la madre—. ¡Ven aquí inmediatamente o voy a darte una paliza! ¿Me oíste?

Enojada, la mujer fue tras la niña. Yo me di la vuelta, no queriendo ver lo que esperaba: que castigara a la niña como había amenazado.

Pasaron unos segundos. No hubo movimiento ni regaño alguno; sólo un silencio absoluto. Confundida, espié nuevamente y me sorprendí al ver a la madre arrodillada sobre el piso sucio y mojado, apretando a la niña contra su cuerpo tembloroso. Trataba de decir algo, pero sólo podía emitir un desesperado sollozo.

—¡No llores, mamita! —suplicaba la niña. Poniendo sus brazos alrededor de su madre, se disculpaba por su comportamiento—. Siento haberme portado mal en esta tienda. ¡Te prometo que no pediré nada más! Ya no quiero a este niñito Jesús. ¡De verdad que no lo quiero! Mira, lo pondré en el pesebre. ¡Por favor, no llores más, mamita!

—¡Yo también lo siento, cariño! —respondió su madre finalmente—. Tú sabes que no tengo suficiente dinero para comprar nada extra en este momento. Sólo estoy llorando porque quisiera poder hacerlo, por ser Navidad y todo eso, pero te apuesto que en la mañana de Navidad, si prometes ser una niña buena, encontrarás esa vajillita que pediste hace tiempo, y quizá el próximo año tendremos un árbol de Navidad de verdad. ¿Qué te parece?

—¿Sabes qué, mamita? —dijo la niña animadamente—. En realidad ya no quiero este niñito Jesús. ¿Sabes por qué? Porque mi maestra de la escuela dominical dice que Jesús realmente vive en tu corazón. Estoy contenta de que él viva en mi corazón. ¿Tú no, mamá?

Miré cómo la niña tomaba a su madre de la mano y juntas caminaban hacia la salida de la tienda. Sus palabras simples, dichas con emoción, resonaban aún en mi mente: ¡Él vive en mi corazón!

Miré el nacimiento. En ese momento me di cuenta de que un bebé nacido en un establo hace 2000 años todavía camina junto a nosotros, haciendo notar su presencia, trabajando para hacernos superar las dificultades de la vida. Si sólo lo dejáramos...

—Gracias, Dios mío —comencé a rezar—. Gracias por esa maravillosa niñez llena de recuerdos preciosos y por haber tenido padres que me brindaron un hogar y me dieron el amor que necesitaba durante los años más importantes de mi vida. Pero más que nada, gracias por darnos a tu hijo.

Rápidamente recogí las piezas del nacimiento y me acerqué de inmediato al mostrador. Reconocí a una de las dependientas y le pedí que le diera la figura del Niño Jesús a la niñita que estaba abandonando la tienda con su madre, y le dije que yo pagaría en seguida. Observé cómo la niña aceptaba el regalo y luego daba otro beso al niñito Jesús mientras cruzaba el umbral de la puerta.

¡El pequeño nacimiento roto me recuerda cada año a una niña cuyas simples palabras tocaron las fibras de mi ser y transformaron mi desesperación en un nuevo sentimiento de seguridad y alegría!

El niñito Jesús no está, por supuesto; pero cada vez que miro el pesebre vacío sé que si alguien me pregunta: ¿Dónde está el Niño Jesús?, podré entonces responder:

¡Él está en mi corazón!

Jeannie S. Williams

Diez centavos

Yo soy sólo uno,
pero todavía soy alguien.
No puedo hacerlo todo,
pero todavía puedo hacer algo;
y como no puedo hacerlo todo,
no me negaré a llevar a cabo lo
que todavía soy capaz de hacer.

Plegaria de Edward Everett Hale
a la Sociedad Tiende-una-Mano

—¡Señorita! ¡Venga aquí!
—Mesera, ¿me puede tomar el pedido?
—¿Le puede traer más leche al bebé?
Suspiré y retiré el cabello de mis ojos. Era la hora del almuerzo de un febrero gris y el restaurante donde yo trabajaba se llenó de gente ansiosa por escapar de la nieve que se había convertido en lluvia. Había incluso una multitud de pie esperando mesa. Yo ya estaba exhausta, tenía un taladrante dolor de cabeza y no eran ni siquiera

las 12:30. ¿Cómo iba yo a resistir el resto del día?

Había estado muy agradecida por conseguir este trabajo un año antes. Puesto que repentinamente me había quedado sola con dos niños pequeños que mantener, con poca educación y carente de otras habilidades, había sido una fortuna divina que me contrataran en un restaurante de mejor categoría que lo usual, cerca de un hospital famoso en nuestra ciudad.

Y por ser la "chica nueva" del restaurante, había comenzado con la peor sección, un pequeño salón en la parte de atrás del edificio. Estaba muy lejos de la entrada principal y también lejos de la cocina, así que el servicio era inevitablemente más lento que en el área del frente. En el cuarto había dos mesas grandes y algunas pequeñas cerca de las ventanas. En general, los clientes que iban allá atrás eran mujeres solas o familias grandes con niños, quienes presumiblemente eran ruidosos y exigentes.

Después de aproximadamente dos años y de algunas nuevas contrataciones, seguía todavía "estancada"en el salón de atrás, pero eso no me importaba mucho. A través de "mis" ventanas podía contemplar un escarpado barranco muy arbolado por ambos lados, que acunaba un pequeño arroyo en el fondo. Era un lugar sorprendentemente hermoso para encontrarse oculto en medio de una gran ciudad. Con esta vista yo podía relajarme durante horas y encontrar un momento de paz.

Pero hoy era uno de esos días en los que anhelaba una de las secciones delanteras. Aunque me esforzaba para mantener el ritmo de la demanda, estaba perdiendo terreno por la dificultad de moverme a causa de la multitud que había entre mis mesas y la cocina. Esto se hacía más difícil por el hecho de que mis dos mesas grandes estaban llenas hasta el tope, con sillas extras y sillas altas que bloqueaban los pasillos.

Me detuve por un momento y miré a mi alrededor, para

ver qué urgía más entre las muchas cosas que demandaban mi atención.

Entonces la vi. Estaba sentada en la mesa más retirada, metida en un rincón, disfrutando del panorama que al mismo tiempo era estropeado por los restos de la comida de alguien más que estaban frente a ella. Parecía tener alrededor de 70 años, con cabello blanco; en su rostro las líneas de expresión estaban profundamente marcadas y sus manos atestiguaban una vida de arduo trabajo. Vestía un antiguo sombrero marinero de paja y una bata de casa de algodón debajo de un andrajoso abrigo castaño, que aparentemente no la protegía del clima. Estaba sentada en silencio, con un aire de abatimiento y una expresión de terrible tristeza.

Me apresuré y, mientras limpiaba la mesa, comencé un monólogo, regañando a la encargada por no decirme que la mujer estaba esperando y quejándome del mozo por no haber quitado la mesa.

—¡No comerá postre esta noche por su mal servicio! —agregué.

Ella sonrió, dándome a entender que sabía que estaba bromeando, pero la sonrisa no llegó a sus ojos.

—Está bien —dijo—. Vivo en una granja y por esta ventana parece que estoy en casa.

—A mí también me gustaría vivir en un lugar bonito —contesté, pero ella no estaba interesada en continuar con la conversación.

Todo lo que había pedido era una taza de té. Me aseguré de que su bebida estuviera caliente y le dije que esperaba que regresara cuando no estuviéramos tan ocupados. Entonces las voces alrededor llamaron mi atención:

—¡Mesera! ¿Dónde está mi café?

—¡Aquí! ¡Hace veinte minutos que pedimos!

Estuve de vuelta en la rutina, todavía más retrasada.

Cuando miré de nuevo, la anciana había desaparecido.

No pude evitar preguntarme qué le había hecho sentirse tan terriblemente triste.

Minutos después escuché mi nombre y me di la vuelta; ella se abría paso hacia mí por los pasillos llenos de gente.

—Tengo algo para usted —dijo, y extendió su mano. Bajé los platos que llevaba y me sequé las manos para que pudiera darme una moneda de diez centavos.

Ella no sabía que la mayoría de las meseras se reían de la gente que dejaba sólo un poco de cambio como propina. Entonces pensé en la distancia que había tenido que recorrer por entre la multitud, simplemente para darme esa moneda, y cómo probablemente no podía gastar ni siquiera esa pequeña cantidad.

Sonreí y le dije:

—Realmente no tenía que haberse molestado.

—Sé que no es mucho —contestó ella—, pero usted se esforzó por ser amable conmigo. Sólo quería que supiera que aprecio lo que hizo.

Por algún motivo, un simple "gracias" no me parecía suficiente, así que añadí:

—Y que Dios la bendiga.

Su respuesta fue rápida e inesperada: tomó mi mano y comenzó a llorar.

—Gracias, Señor —sollozó—. ¡Cuánto necesitaba saber que había otro cristiano cerca!

Dejando los platos sobre una mesa, la llevé a una silla y le dije; mientras le tomaba una mano:

—Dígame qué le pasa y si hay algo que yo pueda hacer por usted.

Negó con la cabeza y contestó rápidamente:

—No hay nada que alguien pueda hacer. Traje a mi esposo aquí para una operación. Pensaron que era una hernia, pero ahora me dicen que tiene cáncer y no sé si podrá sobrevivir a la intervención. Tiene setenta y dos años y hemos estado casados por más de cincuenta. No conozco a nadie aquí con quien hablar y la ciudad se siente como un lugar frío y hostil. Traté de rezar, pero no podía encontrar a Dios en ninguna parte.

Finalmente dejó de llorar.

—Estuve a punto de no entrar aquí, porque me parecía un lugar muy caro. Pero tenía que salir del hospital por un rato. Cuando estaba mirando por la ventana, allá atrás, traté de rezar nuevamente. Le pedí a Jesús que sólo me mostrara a otro cristiano para que yo supiera que no estaba sola, que él me estaba escuchando.

Todavía sosteniendo su mano, le dije:

—Dígame el nombre de su esposo y rezaré por los dos todos los días durante una semana.

Ella sonrió y me dijo:

—Por favor, hágalo. Su nombre es Henry.

La mujer se levantó y se fue. Yo regresé a trabajar con energía renovada. Por alguna razón, ya no me sentía cansada. Ninguno de mis otros clientes se quejó por el retraso. Sabía que Dios había intervenido para que las dos nos encontráramos y nos ayudáramos mutuamente. Yo me sentía feliz de ofrecer mis plegarias. Y espero que ella se diera cuenta de que me había dado mucho más que diez centavos.

Y al final, ese fue un día absolutamente maravilloso.

Jeanne Morris

La noche en que sonaron las campanas

Es mejor, mucho mejor, tener sabiduría y conocimiento que oro y plata.

Pr. 16:16

Una vez, hace muchos años, una magnífica iglesia se encontraba en lo alto de una colina en medio de una gran ciudad. Cada vez que la iluminaban para celebrar alguna festividad especial, se podía observar desde muchos kilómetros a la redonda. Y aún había algo más extraordinario sobre esta iglesia que su belleza: la insólita y maravillosa leyenda de sus campanas.

En la esquina de la iglesia había una gran torre gris; en la cúspide de la torre, según decía la gente, estaban las campanas más hermosas del mundo. Pero nadie las había escuchado sonar desde hacía muchos años. Ni siquiera en Navidad, aunque era costumbre que en Nochebuena toda la gente llevara a la iglesia sus ofrendas para el Niño Dios. Incluso hubo ocasiones en las que una ofrenda muy especial colocada sobre el altar provocó una música gloriosa de las campanas de la torre. Algunos dijeron que el viento las hacía repicar y otros que los ángeles las tocaban balanceándose en ellas. Sin embargo últimamente ninguna ofrenda había sido digna de suscitar la música de las campanas.

A pocos kilómetros de la ciudad, en una pequeña aldea, vivían un niño que se llamaba Pedro y su hermanito. Ellos sabían muy poco sobre las campanas de Navidad, pero habían escuchado que en Nochebuena la iglesia se engalanaba, así que decidieron ir a ver la hermosa celebración.

La víspera de Navidad hacía un frío tremendo; la blanca y dura nieve cubría la tierra. Pedro y su hermanito salieron de su casa temprano aquella tarde y, a pesar del frío, llegaron al límite de la ciudad al anochecer. Estaban a punto de entrar a la ciudad por una de las enormes puertas, cuando Pedro vio un bulto oscuro sobre la nieve, a un lado del camino.

Era una pobre mujer, que había caído justo afuera de la ciudad, demasiado enferma y cansada para llegar a donde podía haber encontrado refugio. Pedro trató de levantarla, pero ella apenas estaba consciente.

—No tiene caso, hermanito —dijo Pedro—. Tendrás que ir solo.

—¿Sin ti? —lloró el hermanito.

Pedro asintió lentamente.

—Esta mujer morirá de frío si nadie cuida de ella. Probablemente todos se han ido a la iglesia, pero cuando regreses asegúrate de traer a alguien para que la ayude. Yo permaneceré aquí para tratar de que no se congele; quizá pueda darle de comer del pan que traigo en mi bolsa.

—¡Pero no puedo dejarte! —lloraba su pequeño hermano.

—Ninguno de nosotros nos perderemos la celebración —dijo Pedro—. Tú deberás oír todo dos veces, una vez por ti y una vez por mí. Estoy seguro de que el Niño Dios sabe lo mucho que me gustaría adorarlo. Toma esta pieza de plata y cuando tengas oportunidad y nadie te vea, entrégala como mi ofrenda.

De esta forma apresuró a su hermanito hacia la ciudad, y parpadeó con fuerza para contener las lágrimas de desilusión.

La gran iglesia resplandecía esa noche con las luces que la engalanaban; nunca se había visto algo tan hermoso. Cuando el órgano sonó y miles de personas cantaron, las paredes se estremecieron con el clamor de la multitud. Al final, vino la procesión para colocar las ofrendas sobre el altar.

Algunos llevaron joyas, otros pesadas canastas de oro. Un escritor famoso colocó un libro que había estado escribiendo durante años. Y por último pasó el rey del país, quien abrigaba el mismo deseo que todos los demás, de ganar para sí mismo el sonido de las campanas de Navidad.

Un gran murmullo se escuchó por toda la iglesia mientras el monarca se quitaba la corona real, ricamente decorada con piedras preciosas, y la depositaba sobre el altar.

—¡De seguro ahora escucharemos las campanas! —todos dijeron. Pero lo único que se escuchó en la torre fue el rumor del viento frío.

La procesión terminó y el coro comenzó el himno final. Repentinamente, el organista dejó de tocar. El canto se detuvo. Ni un sonido podía escucharse dentro de la iglesia. Mientras todas las personas aguzaban el oído para escuchar, llegó suave, pero claramente, el sonido de las campanas de la torre. Aunque lejana, se escuchó la música más dulce que jamás se hubiera producido.

Entonces todos se levantaron y miraron hacia el altar;

¿qué gran regalo había despertado a las campanas por tanto tiempo silenciosas?

Todo lo que vieron fue la figura infantil del hermanito de Pedro, que se había deslizado sigilosamente por el pasillo cuando nadie lo miraba y había colocado la pequeña pieza de plata de Pedro sobre el altar.

Raymond McDonald Alden

El regalo de Susan

Nosotros debemos dar no solamente lo que tenemos; también debemos dar lo que somos.

Cardenal Mercia

"Hasta ahora todo va bien", pensó Susan con una sonrisa, mientras marcaba otro nombre en su lista. La farmacóloga de 51 años había pasado semanas localizando a ex compañeros de clase para invitarlos a una reunión de graduados de la secundaria.

Los planes para una trigésima reunión nunca se habían materializado, así que, ¿por qué no tener una trigésima tercera? Susan había emprendido todo el proyecto sola y cada día se sentía más emocionada por ver de nuevo a sus viejos amigos.

Había una persona que a ella le interesaba particularmente volver a ver: Bennett Scott. Recientemente se había enterado por otro antiguo compañero de clase que Bennett estaba gravemente enfermo. Había sufrido durante años de una enfermedad del riñón y ahora tenía que someterse a diálisis todos los días, en espera de un trasplante.

"Espero que consiga pronto un nueva oportunidad en la vida", pensaba Susan, mientras marcaba su número. Su viejo amigo necesitaba un ángel guardián. Susan todavía no lo sabía, pero ella pronto se convertiría en ese ángel.

Hacía años, cuando Bennett llegó a aquella escuela de Carolina del Sur, Susan apenas lo había notado. Ella era una porrista con muchos amigos y él era tímido y sensible, el recién llegado al pueblo. Pero sus caminos pronto comenzaron a cruzarse.

Ambos cantaban en el coro de la escuela, trabajaban en el periódico y practicaban con el mismo profesor de piano. Juntos, fueron nombrados "Los más Talentosos" en el séptimo grado y, en la escuela secundaria, compartieron el título de "Los futuros Triunfadores".

Sus vidas parecían entretejerse y como resultado se hicieron buenos amigos, cantando a dúo y buscándose el uno al otro en los pasillos y el comedor. "Espero que no me olvides", había escrito Susan en el anuario de Bennett, pero después de la graduación, como sucede a menudo, cada cual había seguido su propio camino.

Décadas después, Susan se había divorciado y vivía en Stevensville, Maryland. Su vida estaba llena de amigos, de viajes y de un trabajo que amaba. Bennett se había establecido en Nueva Jersey con su esposa Sarah; estaba dedicado a enseñar en un colegio universitario y a criar a sus dos hijos.

Ahora, él estaba en peligro de perderlo todo. Susan respiró profundamente cuando el teléfono comenzó a llamar.

—Me alegra mucho saber de ti —exclamó Bennett— No me perdería la reunión por nada del mundo.

Charlaron sobre el trabajo, la familia y los planes futuros, pero Bennett nunca mencionó su enfermedad y Susan no quiso entrometerse.

Después de colgar, Susan no podía quitárselo de la

mente, ni el dolor de su corazón. "No es justo", pensaba
ansiosamente; "él tiene mucho por qué vivir". Recordó el
orgullo en su voz cuando le había contado sobre su hija
mayor, Mindy, de 27 años, y sobre su hijo Stephen, de 23,
y sobre sus sueños de viajar con Sarah algún día.

Ella se sintió invadida con el recuerdo de otro hombre
cuya vida había sido segada por una enfermedad del
riñón, un hombre con el que había pensado casarse. Susan
no había sido capaz de salvar a su prometido ni tampoco
lo habían logrado los doctores. A veces aún se le partía el
corazón por lo que pudo haber sido.

"Bennett merece hacer ese viaje", se dijo Susan con
frenesí. "Merece dar a su hija en matrimonio y merece
columpiar a sus nietos sobre sus rodillas. La familia de
Bennett debe ser capaz de ofrecerle una gran fiesta de
retiro. Y Sarah debe tener oportunidad de bailar con él
durante otras muchas fiestas de aniversario."

Repentinamente, Susan estaba marcando de nuevo el
número telefónico de Bennett.

—Escucha —le dijo—. Sé que estás enfermo y resulta
que yo tengo un riñón extra que me gustaría darte.

Por un momento, Bennett se quedó tan desconcertado
que no pudo contestar. "Ni siquiera he hablado con ella en
años", se decía a sí mismo. "Y aún así, me está ofreciendo
una segunda oportunidad en la vida."

Pero aunque estaba conmovido, Bennett no podía
aceptar.

—Gracias —contestó finalmente—. Pero no podría
pedirte que hicieras eso por mí.

—Tú no me lo estás pidiendo, yo te lo estoy ofreciendo
—protestó Susan—. Y no lo estoy haciendo sólo por ti; lo
estoy haciendo por tu familia también.

Aun así, Bennett no podía aceptar. Durante los meses
anteriores a la reunión, Susan repitió su ofrecimiento una
y otra vez, y siempre Bennett se negaba gentilmente.

Luego, justo antes de la reunión, Bennett enfermó tan gravemente que fue confinado a una silla de ruedas. Los doctores le dijeron que sin un trasplante moriría en pocos meses.

Horrorizada, Susan redobló sus esfuerzos.

—¡Por favor, déjame ayudar! —suplicó. Finalmente, Bennett consintió.

Susan dispuso que la prueba se hiciera al día siguiente de la reunión. Sabía que las probabilidades de que fuera compatible eran pocas; los análisis habían revelado que Sarah, la esposa de Bennett, no lo era. Susan también sabía que la operación sería dolorosa y, en cierto modo, peligrosa. Pero ver a su amigo y a su esposa abrazándose y cantando juntos en la reunión de ex alumnos de la secundaria, la hizo sentir esperanzada. "Por favor, Dios, permite que sea compatible para que puedan seguir juntos", Susan comenzó a rezar, mientras la pareja le daba las gracias con lágrimas en los ojos.

El corazón de Susan latía con rapidez mientras los doctores le extraían sangre y apenas podía respirar cuando el laboratorio llamó para darle los resultados: ¡era compatible!

—Es increíble —dijeron los doctores a Susan—. Raramente encontramos una compatibilidad tan cercana, aun entre hermanos.

Susan no podía contener la emoción mientras llamaba a Bennett para darle la noticia. "Dios debe haber intercedido por mí", pensó. "Por eso nuestros caminos se cruzaron nuevamente este año. Así tenía que ser."

Meses después, se estrecharon la mano antes de la cirugía. Las palabras balbucientes de Susan, cuando despertó cinco horas más tarde, fueron:

—¿Cómo está Bennett?

Los doctores le dijeron que el trasplante había sido todo un éxito. "Gracias a Dios", pensó.

Cuando visitó a Bennett en el hospital, él exclamó:

—¡Ya me siento mucho mejor!

Luego sus ojos se llenaron de lágrimas.

—¿Cómo se agradece a alguien por devolvernos la vida? —preguntó.

¡Sólo trata con mucho cuidado mi riñón! —replicó Susan, enjugando sus propias lágrimas.

Eva Unga
Extractado de Woman's World Magazine

El mejor regalo

Las obras de amor más grandes las realizan aquéllos que habitualmente ejecutan pequeños actos de bondad.

Anónimo

Cada diciembre, mientras saco las decoraciones de Navidad, también revivo el recuerdo de una Navidad hace 20 años atrás en un pequeño pueblo en el centro de Maine y el regalo que una niñita le dio a otra. En un mundo donde la Navidad se vuelve cada vez más esplendorosa y mercantilizada, me lleva a reflexionar que el verdadero espíritu de la época radica en dar y recibir con toda el alma.

Los inviernos parecían ser más fríos entonces y los días de escuela se hacían interminables. En mi pequeña escuela, teníamos dos clases por grado. Mi clase era la de los niños que tenían buenas notas. La mayoría de nosotros vestíamos con ropas bonitas y nuestros padres estaban en la Asociación de Padres y Maestros de la escuela. Aquéllos que estaban en la clase "menos adelantada" no obtenían buenas calificaciones. La mayoría de los niños eran pobres. Asistimos a la misma escuela año tras año y para el cuarto grado todos sabíamos quién pertenecía a cuál clase. La única excepción era una niña a la que llamaré Marlene Crocker. Aún recuerdo el día en que Marlene fue transferida a la clase de los "listos". Estaba de pie junto al escritorio del profesor esa mañana, con una falda de lana que colgaba muy por debajo de sus rodillas. El suéter estaba remendado, no obstante tenía un rostro afable y lleno de esperanza.

No era bonita en absoluto, pero en sus ojos color castaño había una mirada inteligente. Sin embargo, yo había escuchado que Marlene era una buena estudiante y me preguntaba por qué no había estado en la clase de "los listos" desde el principio. Mientras esperaba que el profesor le asignara un asiento, por un momento imaginé que podría ser su amiga y que charlaríamos juntas en el recreo. Entonces los cuchicheos comenzaron.

—¡No va a sentarse junto a mí! —dijo alguien burlándose.

—Ya es suficiente —dijo el profesor con firmeza y la clase guardó silencio. Nadie más se reiría de Marlene, al menos mientras el profesor estuviera en el aula.

Marlene y yo nunca charlamos juntas en el recreo, como me lo había imaginado al principio. Las fronteras que nos separaban estaban firmemente trazadas.

Una tarde de otoño, mamá y yo íbamos en el auto por un camino arbolado. Era un camino que raramente tomábamos, porque mamá decía que gastábamos mucha gasolina. Yo iba entretenida charlando con ella, cuando de repente vi por la ventana una minúscula choza forrada de papel alquitranado, tan pequeña que podría caber dentro de nuestro cuarto de baño. La choza se encontraba dentro de un gran terreno lleno de piezas oxidadas de automóvil. A través del terreno baldío colgaba una cuerda larga para tender la ropa, debajo de la cual estaba una niña pequeña que nos miró mientras pasábamos. Era Marlene. Levanté la mano para saludarla, pero nuestro automóvil ya la había pasado.

—Esa pobre niña —dijo mi madre—, colgando ropa y va a llover.

Una vez que la nieve apareció ese invierno, parecía como si nunca fuera a terminar. Mientras se acercaba la Navidad, mi entusiasmo crecía como la ventisca mientras observaba el montón de regalos que había debajo de nuestro árbol de Navidad. En la escuela, pocos días antes de nuestra fiesta de Navidad, pasamos un sombrero en la clase, con papelitos doblados dentro, para escoger el nombre de un compañero al que le daríamos un regalo. El sombrero recorrió todo el salón, y los nombres se sacaron. Finalmente, llegó a Marlene. Un muchacho se inclinó hacia adelante, más cerca de lo que nadie había estado de ella, y abucheó mientras leía su pedazo de papel.

—Marlene tiene el nombre de Jenna.

Yo empecé a ruborizarme furiosamente al escuchar mi nombre. Marlene bajó la vista hacia su escritorio, pero la burla continuó hasta que el profesor le puso fin.

—No me importa —respondí con desdén, pero me sentí traicionada.

El día de la fiesta, me dirigí con renuencia al autobús llevando un bonito juego de lápices de colores mágicos para quien me había tocado. En la escuela, comimos las galletas de Navidad que nuestras madres habían horneado y bebimos jugo de uva al final. Entonces los regalos se entregaron y las envolturas volaban mientras todos las despedazaban.

El momento que temía había llegado. Súbitamente parecía como si todos se hubieran apiñado alrededor de mí: sobre mi escritorio estaba un pequeño paquete envuelto pulcramente en papel de seda. Miré a Marlene.

Estaba sentada, sola. Y sentí la necesidad de protegerla de la burla de mis compañeros de clase. Tomé el regalo de Marlene, lo desenvolví y me senté sosteniéndolo escondido en mi mano.

—¿Qué es? —gritó un niño, cuando no pudo resistir más.

—Es una billetera —contesté finalmente.

Sonó la campana, los autobuses llegaron y alguien le dijo a Marlene:

—¿La hizo tu papá de algún venado que mató?

Marlene asintió contestando:

—Y también mi 'má.

—Gracias, Marlene —le dije.

—Por nada —me contestó. Nos sonreímos mutuamente. Marlene no era amiga mía, pero yo nunca me burlé de ella. Quizá, cuando creciera, iría en mi bicicleta hasta donde ella vivía para que pudiéramos charlar y jugar. Pensé en eso mientras me dirigía a casa en el autobús. Traté de no pensar en cómo sería la Navidad para Marlene.

Los años pasaron. Fui a la preparatoria y a la universidad y perdí contacto con la mayoría de mis compañeros de la escuela. Cada vez que batallaba con problemas de matemáticas, me acordaba de cómo Marlene había lidiado con los suyos. Escuché rumores de que Marlene había abandonado la escuela para ayudar a su madre con los hermanos menores en su casa. Luego escuché que se había casado joven y ya tenía bebés propios.

Un día, me encontré con la billetera de piel de venado que había recibido en esa fiesta de Navidad de hacía muchos años. Era gracioso cómo, de todos los regalos, había guardado éste a través de los años. Lo tomé y me puse a estudiar su intrincada artesanía. Debajo de la solapa, noté una pequeña abertura que sostenía un pedazo minúsculo de papel que nunca había visto antes.

Sentada en el sofá de mi cómoda casa, leí las palabras que Marlene me había escrito años atrás. "Para mi mejor amiga", decía. Aquellas palabras atravesaron mi corazón. Deseé poder regresar y tener el valor para ser la clase de amiga que hubiera querido. Tardíamente, comprendí el amor que estaba envuelto dentro de ese regalo.

Son pocas las cosas que desempaco cada año en época de Navidad: un viejo pesebre de madera, brillantes esferas para el árbol y una figura de San Nicolás. También saco la billetera. El año pasado le conté a mi hijo pequeño la historia de la niña que me la había dado. Lo pensó un momento y luego dijo:

—De todos los regalos, ése fue el mejor, ¿no es así?

Y yo sonreí, agradecida por la sabiduría que le permitió darse cuenta de que así era.

Jenna Day
Remitido por Patricia Bradford

El propio Hijo de Dios

Al mecer María a su bebé
llena de tristeza, llena de alegría
mirando esa carita
la esperanza para todas las razas aparecía.

Su corazón, rebosante del calor de madre
nunca querrá a su hijo perder.
Lo verá reír, jugar y correr
anhelando siempre a salvo mantener.

Su vida no será una vida fácil,
su destino, como el del propio Hijo de Dios, inexorable.

María ve los milagros que él realiza,
ve a los leprosos sanos y libres del escarnio.
Los ciegos pueden ver, los inválidos caminan.
Ella sabe que su amor nos dará nueva vida.

Y entonces lo ve clavado en una cruz.
Siente todo su dolor y siente nuestra aflicción.

Sabe que en su vida ha de pasar todo esto.
Mas derrama una lágrima y ofrece un beso.

Su vida no será una vida fácil,
su destino, como el del propio Hijo de Dios, inexorable.

Así que cuando la Navidad se acerca
y estamos aquí tan "ocupados",
comprando regalos, cocinando, decorando árboles y puertas,
debemos preguntarnos de todo esto los significados.

Tomemos un momento entre el bullicio,
y pensemos en los regalos que nos ha dado:
el amor de una madre, un hermoso niño varón,
seguridad y paz, amor y exaltación.

Porque Él nació para todos nosotros,
destinado por el Creador para ser el hijo único de Dios.

Kathleen Weber

El hermoso color del amor

¿De qué color es Dios?,
preguntó el niño de piel clara.
¿Es blanco como yo,
son sus cabellos dorados como el sol?

¿Es Dios moreno como yo?,
preguntó el niño de piel con matiz bronceado.
¿Tiene el cabello oscuro y rizado,
son sus ojos negros o azulados?

Pienso que Dios es piel roja como yo,
se escucha decir al niño indio.
Lleva una corona de plumas,
y transforma en día nuestras noches umbrías.

Todos sabemos que allí está Dios,
en todos los colores mencionados.
Pero ten esto por seguro: el único color de nuestro
    Creador,
es el hermoso color del amor.

Así que cuando tu alma vaya al cielo,
cuando tu vida llegue a su final,
Él estará esperando y hacia ti
su mano extenderá.

No habrá colores en el cielo,
todos seremos iguales.
Sólo serás juzgado por tus actos terrenales,
allí ni tu raza ni tu nombre serán importantes.

Así que cuando llegue, tu hora
y admires a Dios arriba en su reino,
verás el único color que en realidad tiene valor,
y es el hermoso color del amor.

Arnold Sparky Watts

2

SOBRE LA CARIDAD

Da lo que tienes.
Para algunos, puede ser mucho mejor de lo
que tú te atreves a imaginar.

Henry Wadsworth Longfellow

Un tributo para Hawkins

Cuando mi esposo llamó para anunciarme que su nuevo ascenso iba a llevarnos lejos de nuestra hermosa y templada comarca situada al noreste de Iowa, mi primer instinto fue el "esperado".

—Felicidades. Estoy orgullosa de ti —dije alegremente cual valiente esposa de una película de los treinta. Mi segundo y más sincero instinto, fue llorar. ¿Qué íbamos a hacer sin Hawkins?

Cualquier madre que trabaje y que se haya mudado, puede contarles que lo peor de un traslado no es desempacar el frasco del aceite de tocino que los de la mudanza envolvieron cuidadosamente y colocaron en la misma caja con la lámpara de seda. Tampoco lo es encontrar otro peluquero que sea diestro y sepa disimular muy bien los remolinos de la parte posterior de la cabeza y no parecer pájaro carpintero. Por mucho, la peor empresa es buscar a la niñera perfecta. Cualquier madre digna de este título la asume con el estómago rebosante de temor y culpabilidad.

Cuando Kate tenía cuatro años y Nicholas casi uno, decidí llevarlos con una niñera un par de días a la semana para poder concentrarme y proyectarme en mi carrera. Me sentí un poco tonta al acudir a una directora teatral que acababa de conocer la semana anterior; después de todo, apenas la conocía, y además había estado retirada de la crianza de niños durante décadas. Pero Helen parecía tener tanto sentido común y estaba tan bien relacionada, que simplemente supe que me ayudaría.

—Creo que conozco a alguien —caviló con un toque misterioso, para lo que debe haberle servido mucho ser directora teatral—, pero no puedo decirte quién es hasta que hable con ella.

Helen volvió a llamar a los pocos días para contarme que su cuñada, Evelyn Hawkins, una viuda granjera retirada que se acababa de mudar recientemente a un apartamento en el pueblo, tenía experiencia en la crianza de muchos hijos y nietos inquietos, a más de poseer la paciencia de Job.

Lo primero que me llamó la atención al conocer a esta elegante mujer de hablar dulce fue su extraordinaria calma. Aunque parecía un poco reservada y seria hasta que la conocí mejor, pude darme cuenta de inmediato que tras su discreción había un gran espíritu.

Una cruz de madera que colgaba en su cocina y una labor de punto de cruz que estaba en el pasillo superior me dieron un indicio sobre su profunda fe. La labor, hilvanada en verde sobre blanco, mostraba una ventana con una cortina agitándose bajo una brisa suave. En ella se leía: "Cuando Dios cierra una puerta, abre una ventana".

Aun así, Hawkins era tan reservada y humilde que pasaron meses antes que supiera por accidente que la caminata "diaria" de la que volvía cuando nosotros llegamos a su casa, sin importar la inclemencia del tiempo, había sido realmente una visita a la iglesia.

Aunque nunca le dijo a los niños cómo llamarla, llegó a

ser conocida como Hawkins, ya que Evelyn no me sonaba bastante respetuoso, y señora Hawkins era demasiado ceremonioso para que mis pequeñitos pudieran manejarlo. Aunque los niños son demasiado diplomáticos para decirlo, estoy segura de que la personalidad equilibrada de Hawkins para criar a los niños fue un remedio bien recibido después de mis propios métodos de sosegar-golpear-abrazar-gritar-y-besar. Lo peor de todo es que ni siquiera soy partidaria de los golpes y gritos.

Aunque ella era una persona exteriormente conservadora, que crió a sus hijos en una época menos permisiva que ésta, Hawkins tenía en realidad más espíritu de libertad que yo. Mientras ella enseñaba a mis hijos, yo aprendía también.

Cuando Kate pasó por su etapa de celos y fingió ser un bebé, no creyó mi cantaleta sobre las glorias de ser una niña grande. Después supe que Hawkins simplemente la dejó beber leche de su biberón hasta que se cansó del fluido tan lento de leche que absorbía y le suplicó que le diera un vaso. Y cuando Nick insistió en que era un perro, tuvo que comer su cereal de un recipiente de plástico colocado en el piso.

La primera vez que le preguntamos si los niños podían pasar la noche en su casa, previne a Hawkins de que Nick pasaba por una etapa en la que despertaba asustado, y que tendría que recostarse junto a él unos minutos hasta que volviera a dormirse. Cuando llegamos a la mañana siguiente, todavía un poco temerosos de cómo habría ido todo, los niños profirieron con entusiasmo:

—Hicimos una fiesta en pijamas. Dormimos en la cama de Hawkins.

Ella nos dijo tranquilamente:

—Bueno, pensé que bien podríamos comenzar la noche todos en la misma cama.

Pude imaginarme a los tres en la recámara de arriba, Hawkins con el camisón hasta el cuello, con mis niños dormidos uno en cada brazo.

Otra cosa que aprendí del ejemplo de Hawkins es que la vida está hecha de pequeñas tareas, y por eso siempre debemos realizarlas con agrado. Fuera decorar con esmero un círculo de gomitas sobre un pastel, mis niños "la ayudaban" a hornear, o remendar el pantalón roto de su hermano soltero con puntadas muy parejitas, Hawkins hacía las cosas bien. Se preocupaba de los pequeños quehaceres del diario vivir con tanta alegría, que sus esfuerzos no la degradaban, sino que ennoblecían sus tareas. El vestido con el que concursó en una feria del condado ganó un reconocimiento de los jueces que hizo brillar sus ojos: "la hechura más delicada".

Se hizo cargo del cuidado de mis niños con la misma gracia apacible. Tenía un modo especial de inclinar la cabeza con solemnidad hacia un niño que estaba elaborando una larga historia sin fin. Me avergonzaba, porque en la misma situación, mis ojos se congelaban; mientras murmuraba: hum..., y me ponía a pensar en mis cosas. Su actitud me hizo sentir que los cheques que le dábamos eran secundarios al gusto que le daba satisfacer nuestra propia necesidad, tanto, que el momento de pagarle era incómodo para mí.

No fue raro que después de dos años de tener a mi hijos a su cuidado, separarnos de Hawkins fue uno de los momentos más difíciles al dejar Decorah. Sabía que sería muy complicado encontrar otra niñera que tuviera las mismas cualidades de Mary Poppins y del capitán Kangooro. Sólo sus ojos estaban secos cuando apretó un trébol de cuatro hojas en la palma de la mano de Kate.

—Recuerda —le susurró a mi hija que lloraba—. Cuando Dios cierra una puerta, abre una ventana.

Rebecca Christian

La última pajita

Considerémonos unos a otros para estimularnos
al amor y a las buenas obras.

Hb. 10:24

Fue otra larga tarde invernal, con todos en casa. Y los cuatro niños McDonald estuvieron nuevamente discutiendo, fastidiando y peleando por sus juguetes. En momentos como éstos, mamá estaba a punto de creer que sus niños no se amaban, aunque sabía que eso no era verdad. Todos los hermanos y las hermanas pelean, por supuesto, pero últimamente su pequeña tropa se había estado comportando bastante mal unos con otros, en especial Eric y Kelly, quienes se llevaban un año de diferencia. Parecían empeñados en pasar todo el invierno haciéndose la vida imposible entre sí.

—¡Dame eso! ¡Es mío!

—¡No es cierto, gorda! ¡Yo lo tenía primero!

Mamá suspiraba al escuchar el último pleito que venía de la sala. Sólo faltaba un mes para Navidad y la casa de los McDonald tristemente parecía carecer del espíritu navideño.

Se suponía que ésta era la temporada de compartir y amar, de los sentimientos cálidos y corazones felices. Un hogar necesitaba algo más que bellos regalos y luces resplandecientes en el árbol para que estuviera lleno del espíritu navideño. Pero, ¿cómo podía una madre convencer a sus niños de que ser buenos entre sí era la forma más importante de prepararse para Navidad?

Mamá sólo tenía una idea. Hacía años, su abuela le había hablado sobre una antigua costumbre que ayudaba a la gente a descubrir el verdadero significado de la Navidad. Quizá daría resultado con su familia. Valía la pena intentarlo. Mamá reunió a sus cuatro pequeños bribones y los sentó en las escaleras, de menor a mayor: Mike, Randi, Kelly y Eric.

—¿Les gustaría comenzar un nuevo proyecto navideño este año? —les preguntó—. Es como un juego, pero sólo podrá jugar quien pueda guardar un secreto. ¿Podrán todos guardarlo?

—¡Yo puedo! — exclamó Eric, alzando animadamente el brazo.

—¡Yo puedo guardar un secreto mejor que él! —gritó Kelly, levantándose bruscamente y moviendo también el brazo. Si eso era un concurso, Kelly quería asegurarse de derrotar a Eric.

—¡Podemos hacerlo! —intervino Randi, sin estar muy segura de lo que se trataba, pero sin querer ser excluida.

—¡Yo también, yo también, yo también! —gritaba el pequeño Mike, brincando sin cesar.

—Pues bien, el juego consiste en lo siguiente —explicó mamá—. Este año vamos a sorprender al niñito Jesús cuando llegue en la noche de Navidad, preparándole la cama más suave del mundo.

Vamos a construirle una pequeña camita para que duerma aquí en nuestra casa y la rellenaremos de paja para hacerla cómoda. Pero aquí está lo difícil: cada pajita que pongamos en la cuna representará una buena acción que hagamos por alguien a partir de hoy y hasta la Navidad. Mientras más cosas buenas hagamos, más pajitas habrá para el niñito Jesús. El secreto consiste en que no podemos decirle a nadie las cosas buenas que estamos haciendo, o para quién las hacemos.

Los niños parecían confusos.

—¿Cómo sabrá el Niño Jesús que es su cama? —preguntó Kelly.

—Él sabrá —respondió mamá—. La reconocerá por el amor que hayamos puesto en ella, por lo suave que será.

—Pero, ¿para quién haremos las cosas buenas? —preguntó Eric.

—Es muy fácil —contestó mamá—. Todos haremos algo bueno por el otro. Una vez a la semana, desde hoy y terminando el día de Navidad, vamos a poner el nombre de cada uno en este sombrero, el mío y el de papá también. Entonces, cada cual tomará un nombre y hará cosas buenas para esa persona durante toda una semana. Pero aquí viene la parte más difícil. No podremos contar a nadie qué nombre nos ha tocado esa semana y cada uno de nosotros tratará de hacer tantos favores como pueda para esa persona especial, sin ser descubierto. Y por cada cosa buena que hagamos en secreto, pondremos otra pajita en la cuna.

—Pero, ¿qué pasa si me toca el nombre de alguien que no me simpatiza? —desaprobó Kelly.

Mamá caviló unos segundos antes de responder.

—Pueden usar pajitas más gruesas para las cosas buenas que hagan por esa persona, porque son más difíciles de realizar. Pero imagínense qué tan rápido pueden llenar esa cunita con las pajitas gruesas. Entonces, en la víspera de Navidad pondremos al Niño Jesús en su camita y esa noche dormirá sobre un colchón hecho con amor. Creo que eso le gustaría, ¿no lo creen? Ahora,

¿quién construirá nuestra cunita? —preguntó mamá.

Ya que Eric era el mayor y el único de los niños a quien se le permitía usar herramientas, fue al sótano a intentarlo. Durante las dos horas siguientes se escucharon martillazos y el sonido del serrucho. Luego, durante un buen rato, no se escuchó nada. Finalmente, Eric subió por las escaleras con la cunita entre sus brazos.

—Aquí está —presumió—. La mejor cuna del mundo y la hice yo solo.

Por primera vez todos estuvieron de acuerdo: la camita era la mejor del mundo. Una pata estaba demasiado corta y, por supuesto, la cuna se tambaleaba. Sin embargo había sido construida con amor y con casi un centenar de clavos doblados, y por ello era seguro que duraría un montón de años.

—Ahora necesitamos paja —dijo mamá y todos se dirigieron al automóvil para ir por ella a los campos cercanos. Sorprendentemente, mientras iban en camino tratando de encontrar un terreno baldío, nadie peleó sobre quién iría en el asiento delantero ese día. Por fin vieron un pequeño pedazo de tierra que había estado cubierto con pasto alto en el verano. Ahora, a mediados de diciembre, el pasto se había secado, convirtiéndose en varitas amarillas que parecían paja de verdad.

Mamá detuvo el auto y los niños se bajaron a empellones ansiosos por recoger el pasto a puñados.

—¡Es suficiente! —rió mamá finalmente, cuando vio que la caja de cartón que había en la cajuela estaba casi desbordante—. Recuerden, sólo es una pequeña cunita.

Regresaron a casa, donde esparcieron la paja cuidadosamente sobre una bandeja que mamá había puesto en la mesa de la cocina. La cunita vacía fue colocada encima con suavidad para así esconder su pata más corta entre la paja.

—¿Cuándo seleccionaremos los nombres? —gritaron los niños.

—Tan pronto como papá regrese a casa para la cena —contestó mamá.

Esa noche en la mesa, a la hora de cenar, los seis escribieron su nombre sobre pedazos de papel, los doblaron y los mezclaron dentro de la vieja gorra de béisbol. Entonces comenzó el sorteo. Kelly escogió primero e inmediatamente comenzó a reír. Randi fue la siguiente en aproximarse a la gorra. Papá le echó un vistazo a su trozo de papel y sonrió en silencio. Mamá escogió un nombre, pero su rostro no dio ninguna pista. Después, el pequeño Mike tomó un papel de la gorra, pero como no podía leer aún, papá tuvo que susurrarle al oído el nombre que le había tocado. Eric fue el último en escoger y al abrir su pedazo de papel frunció el ceño. Pero se lo guardó en el bolsillo sin decir nada. La familia estaba lista para comenzar.

La semana que siguió estuvo llena de sorpresas. Parecía como si la casa de los McDonald hubiera sido repentinamente invadida por un ejército de duendes invisibles, ya que sucedían cosas buenas en todos lados. Kelly entró en su habitación a la hora de dormir y encontró su camisón azul perfectamente doblado sobre su cama, ya preparada para dormir. Alguien limpió el aserrín de abajo del banco de trabajo sin que se le pidiera. Las manchas de jalea desaparecieron mágicamente de los muebles de la cocina después del almuerzo, mientras mamá fue a recoger el correo. Y todas las mañanas, mientras Eric se cepillaba los dientes, alguien entraba en silencio a su habitación y hacía su cama. No estaba perfecta, pero estaba hecha.

—¿Dónde están mis zapatos? —preguntó papá una mañana. Nadie parecía saberlo, pero antes de que se fuera a trabajar, ya estaban de vuelta en el armario, muy bien lustrados.

Mamá también notó otros cambios durante esa semana. Los niños no se fastidiaban entre sí ni se peleaban tanto. Así como empezaba una discusión, se detenía sin razón aparente. Inclusive Eric y Kelly parecían llevarse mejor. En realidad, todos los niños lucían sonrisas de complicidad y reían entre sí a veces.

Para el domingo, todos estaban ansiosos por escoger nuevos nombres otra vez. Y en esa ocasión hubo incluso más risas y alegría durante el proceso de selección, a excepción de Eric. Una vez más, él desdobló su pedazo de papel, lo miró y luego lo guardó en el bolsillo, sin decir una palabra. Mamá lo notó, pero no dijo nada.

La segunda semana del juego trajo sucesos más asombrosos. Sacaron la basura sin que se le pidiera a nadie que lo hiciera. Alguien incluso hizo dos de los difíciles problemas de matemáticas de Kelly una noche, cuando ella dejó su tarea sobre la mesa.

El pequeño montoncito de paja se hacía más alto y más mullido. Faltaban sólo dos semanas para Navidad y los niños se preguntaban si la camita hecha en casa sería bastante cómoda para el Niño Jesús.

—Después de todo, ¿quién será el Niño Jesús? —preguntó Randi el tercer domingo por la noche, después de que todos habían escogido nuevos nombres.

—Quizá podemos usar uno de los muñecos —comentó mamá—. ¿Por qué no se encargan Mike y tú de escoger el adecuado?

Los dos niños menores corrieron a reunir sus muñecos favoritos, pero los demás también quisieron ayudar a seleccionar al Niño Jesús. El pequeño Mike arrastró a su muñeco de trapo, Bozo el payaso, desde su cuarto y orgullosamente lo cedió, lloriqueando después cuando los demás rieron. Muy pronto, Bruffles, el tan abrazado osito de felpa de Eric, se reunió con los muñecos que llenaban el sofá. Barbie y Ken estaban también allí, junto con la rana René, los borreguitos y los perros de peluche, e incluso un mono cariñoso que el abuelo y la abuela habían enviado a Mike un año antes. Pero ninguno de ellos parecía ser el adecuado.

Sólo una vieja muñeca bebé, que había sido amada casi hasta desbaratarla, parecía ser una posibilidad como Niño Jesús. Una vez se había llamado "Bebita parlanchina", antes de que dejara de charlar para siempre, después de muchos baños.

—Se ve muy graciosa ahora —dijo Randi, y era verdad. En una ocasión, mientras jugaban al salón de belleza, Kelly había cortado su propio cabello rubio junto con el de la Bebita parlanchina, haciéndose ambas un corte de apariencia descuidada. El cabello de Kelly con el tiempo había vuelto a crecer, pero el de la Bebita parlanchina no. Ahora, los mechones de cabello rubio que le fueron arrancados la hacían verse un poco abandonada y olvidada. Pero sus ojos eran todavía de un azul brillante y aún tenía una sonrisa dibujada en su cara, a pesar de las marcas que deditos regordetes habían dejado por doquier sobre el rostro.

—Creo que es perfecta —dijo mamá—. El Niño Jesús probablemente tampoco tenía mucho cabello cuando nació y apuesto que a Él le gustaría ser representado por una muñeca que ha recibido tantos abrazos.

Así que se tomó la decisión y los niños comenzaron a hacer un nuevo vestuario para su Niño Jesús: una camisetita hecha de trozos de cuero y algunos pañales de tela. Lo mejor de todo fue que el Niño Jesús cupo perfectamente en la cunita, pero en vista de que todavía no era tiempo para que durmiera ahí, fue colocado con ternura sobre una repisa del armario del pasillo, para esperar la noche de Navidad.

Mientras tanto, el montón de paja crecía y crecía. Cada día traía nuevas y diferentes sorpresas, al tiempo que los misteriosos duendes redoblaban sus esfuerzos para complacer a los otros. Finalmente, el hogar de los McDonald estaba lleno de espíritu navideño. Sólo Eric había permanecido excepcionalmente callado desde la tercera semana en que se escogieron los nombres.

La última noche de domingo en que se escogerían nombres fue también la víspera de Navidad. Mientras la familia estaba sentada alrededor de la mesa esperando que los papelitos con los nombres se metieran por última vez en la gorra, mamá dijo:

—Todos han hecho una estupenda labor. Debe haber centenares de pajitas en nuestra cuna, quizá mil. Deben sentirse satisfechos con la cama que han hecho. Pero recuerden, todavía falta un día entero. Todos tenemos tiempo para hacer un poco más y lograr que nuestra cama esté aún más suave antes de mañana por la noche. Intentémoslo.

Por última vez pasaron la vieja gorra de béisbol alrededor de la mesa. El pequeño Mike escogió un nombre y papá se lo dijo al oído, como lo había hecho cada semana. Randi desdobló el suyo cuidadosamente bajo la mesa, le echó un vistazo y luego se encogió de hombros, sonriendo. Kelly alargó la mano hacia la gorra y rió felizmente cuando leyó el nombre. A mamá y papá les llegó su turno también y luego pasaron la gorra con el último nombre a Eric. Pero cuando desdobló el trozo de papel y lo leyó, su cara palideció repentinamente; estaba a punto de llorar. Sin decir una palabra, salió corriendo de la sala.

Todos inmediatamente saltaron de la mesa, pero mamá los detuvo.

—¡No! Permanezcan donde están —dijo—. Déjenme hablar con él a solas primero.

Justo cuando ella terminaba de subir por las escaleras, la puerta de Eric se abrió de golpe.

Trataba de ponerse su abrigo con una mano, mientras cargaba una pequeña maleta con la otra.

—Tengo que irme —dijo serenamente, con los ojos llenos de lágrimas—. ¡Si no lo hago, echaré a perder la Navidad para todos!

—Pero, ¿por qué? ¿Y a dónde vas? —preguntó mamá.

—Puedo dormir en mi fuerte de nieve por un par de días. Regresaré a casa después de la Navidad. Lo prometo.

Mamá comenzó a hablar, diciendo algo sobre el frío, la nieve y la falta de botas y mitones, pero papá, que ahora estaba de pie detrás de ella, puso la mano en su hombro y asintió con la cabeza. La puerta delantera se cerró y juntos miraron desde la ventana cómo la pequeña figura con los hombros caídos de tristeza y sin sombrero, cruzaba la calle y se sentaba en un banco de nieve cerca de la esquina. Estaba muy oscuro allá afuera, hacía frío y unos copos de nieve se precipitaban sobre el pequeño y su maleta.

—¡Se va congelar! —exclamó mamá.

—Dale sólo unos minutos —dijo papá tranquilamente—. Luego podrás hablar con él.

La acurrucada figura estaba llena de nieve cuando mamá cruzó la calle 10 minutos después y se sentó junto a él en el banco de nieve.

—¿Qué te pasa, Eric? Has sido muy bueno estas últimas semanas, pero sé que algo te ha molestado desde que comenzamos a llenar la cuna. ¿Me lo puedes contar, cariño?

—Ay, mamá, ¿no te das cuenta? —dijo sollozando—. Me he esforzado mucho, pero no puedo hacerlo más, y ahora voy a estropear la Navidad de todos —rompió a llorar y se tiró a los brazos de mamá.

—Pero no comprendo —insistió mamá limpiando las lágrimas de su rostro—. ¿Qué cosa no puedes hacer? ¿Y cómo puedes estropearnos la Navidad?

—Mamá —dijo el niño sin poder contener las lágrimas—,

tú no entiendes. Me tocó el nombre de Kelly, ¡*las cuatro semanas!* ¡Y yo odio a Kelly! ¡No puedo hacer una cosa buena más por ella o me moriré! Lo intenté, mamá. Realmente lo hice. Me escabullía en su cuarto cada noche y le preparaba su cama. Incluso le arreglaba su arrugado camisón. Vaciaba su papelera y le hice algo de tarea una noche cuando fue al baño. Mamá, hasta la dejé usar mi autito de carreras un día, ¡pero lo estrelló contra la pared como siempre!... Traté de ser bueno con ella, mamá. Aun cuando me llamó pelele estúpido porque la pata de la cuna estaba corta, no le pegué. Y cada semana, cuando nos tocaba escoger el nombre de otro, yo pensaba que todo esto terminaría. Pero esta noche, cuando me tocó su nombre nuevamente, supe que no podría hacer otra cosa buena más por ella, mamá. ¡Simplemente no puedo! Y mañana es Nochebuena. La echaré a perder para todos, justo cuando estamos listos para poner al Niño Jesús en la cuna. ¿Ves por qué tenía que irme?

Ambos guardaron silencio por unos minutos, mientras el brazo de mamá permanecía alrededor de los hombros del pequeño. Sólo un sollozo ocasional o un hipo rompían el silencio en el banco de nieve.

Finalmente, mamá comenzó a hablar con serenidad:

—Eric, estoy muy orgullosa de ti. Cada cosa buena que has hecho debería contar el doble, ya que te fue especialmente difícil ser bueno con Kelly por tanto tiempo. Pero hiciste todas esas cosas buenas de cualquier manera, pajita por pajita. Diste tu amor cuando no era fácil darlo. Quizá eso significa tener el espíritu de la Navidad. Si dar es tan fácil, a lo mejor no estamos ofreciendo mucho de nosotros mismos, después de todo. Las pajitas que tú agregaste fueron probablemente las más importantes y debes sentirte orgulloso. ¿Te gustaría tener la oportunidad de ganar unas cuantas pajitas fáciles, como el resto de nosotros? Yo todavía tengo en el bolsillo el nombre que me tocó esta noche y aún no lo he visto. ¿Por qué no los intercambiamos, únicamente por este día? Será nuestro secreto.

—¿Eso no es hacer trampa?

—No es hacer trampa —sonrió mamá.

Juntos se secaron las lágrimas, se sacudieron la nieve y caminaron de regreso a la casa.

Al día siguiente, toda la familia estaba ocupada cocinando y arreglando la casa para el día de Navidad, envolviendo regalos de último minuto y tratando de no estallar de emoción. Pero incluso con toda la actividad e impaciencia, un montón de pajitas nuevas se siguió acumulando en la cunita y, al caer la tarde, ya casi no cabían más. En diferentes momentos, al pasar delante del pesebre, cada miembro de la familia hizo una pausa para contemplar el maravilloso montón durante un rato y luego sonreía antes de seguir adelante. Casi llegaba el momento de que se utilizara la pequeña camita. Pero, ¿sería acaso lo bastante cómoda para el Niño Jesús? Una pajita más todavía podría marcar la diferencia.

Por esa misma razón, justo antes de la hora de acostarse, mamá entró de puntitas y en silencio al cuarto de Kelly para doblar el pequeño camisón azul y preparar la cama. Pero se detuvo en la puerta, sorprendida. Alguien ya había estado allí. El camisón había sido tendido cuidadosamente sobre la cama y un pequeño automóvil de carreras rojo yacía junto a él encima de la almohada.

La última pajita había sido de Eric, después de todo.

Paula McDonald

El explorador de Navidad

Si hubiera en medio de ti un necesitado, uno de tus hermanos, en una de las ciudades de la tierra que Yahvé, tu Dios, te da, no endurecerás tu corazón ni cerrarás la mano a tu hermano pobre, sino que le abrirás tu mano y le prestarás cuanto le falta.

Deut. 15:7-8

A pesar de la risa y la diversión, Frank Wilson, de 13 años de edad, no era feliz.

Era cierto que había recibido todos los regalos que quería, y que disfrutaba en esta ocasión de una de las tradicionales reuniones de nochebuena con los parientes en casa de la tía Susan, con el propósito de intercambiar regalos y buenos deseos.

Pero Frank no era feliz porque ésta sería la primera Navidad que estaría sin su hermano Steve, quien ese mismo año había sido atropellado por un conductor imprudente y había perdido la vida. Frank extrañaba a su hermano y el compañerismo tan estrecho que ambos tenían.

Frank se despidió de sus parientes y les explicó a sus padres que se retiraba un poco más temprano para ir a ver a un amigo; desde allí él se iría caminando hacia su casa. Ya que hacía frío afuera, Frank se había puesto su nueva chaqueta de tartán. Éste era su regalo preferido. Los demás obsequios los colocó en su nuevo trineo. Entonces Frank se retiró, esperando encontrar al jefe de patrulla de la tropa de muchachos exploradores. Frank siempre se había sentido compenetrado con él. Aunque rico en sabiduría, vivía en los llanos, la sección del pueblo donde habitaba la mayoría de los pobres, y donde su líder de patrulla hacía todo tipo de trabajos para ayudar a mantener a su familia. Para desilusión de Frank, su amigo no estaba en casa.

Cuando Frank caminaba por la calle rumbo a su casa, percibió los reflejos de árboles y decoraciones en muchas de las pequeñas moradas. Luego, a través de una ventana, vislumbró una sala humilde donde unas medias deslucidas colgaban sobre la chimenea vacía. Una mujer estaba sentada llorando.

Las medias le recordaron la manera en que él y su hermano habían colgado siempre las suyas, una junto a la otra. A la mañana siguiente, estarían llenas de regalos. Un pensamiento repentino detuvo los pasos de Frank: no había hecho su buena obra del día.

Antes de que el impulso pasara, tocó a la puerta.

—¿Sí? —preguntó con voz triste la mujer.

—¿Puedo entrar?

—Eres bienvenido —dijo ella, viendo el trineo lleno de regalos y suponiendo que hacía una colecta—, pero no tengo alimento ni regalos para ti. No tengo nada, ni siquiera para mis propios hijos.

—No es por eso que estoy aquí —contestó Frank—. Por favor, escoja de este trineo los obsequios que quiera para sus niños.

—Bueno, ¡que Dios te bendiga! —contestó con gratitud la asombrada mujer. Seleccionó algunos caramelos, un juego, el avión de juguete y el rompecabezas. Cuando tomó la nueva linterna eléctrica de explorador, Frank casi grita arrepentido. Finalmente, las medias estaban llenas.

—¿No me vas a decir tu nombre? —dijo ella mientras Frank se retiraba.

—Simplemente llámeme el explorador de Navidad —contestó él.

La visita dejó al muchacho conmovido y con una inesperada alegría en su corazón. Entendió que su dolor no era el único en el mundo. Antes de irse a los llanos, había regalado el resto de sus obsequios. La chaqueta de tartán había ido a parar a las manos de un muchacho que tiritaba de frío.

Se dirigió a su casa, con frío e intranquilo. Al haberse quedado sin regalos, Frank no hallaba ninguna explicación razonable para sus padres. Se preguntaba cómo podría hacerlos comprender.

—¿Dónde están tus regalos, hijo? —le dijo su padre al momento de llegar a casa.

—Los regalé por el camino.

—¿El avión que te dio la tía Susan? ¿El abrigo que te dio la abuela? ¿Tu linterna? Creíamos que estabas feliz con tus regalos.

—Estaba muy feliz —contestó el muchacho, de manera poco convincente.

—Pero, Frank, ¿cómo pudiste ser tan impulsivo? —le preguntó su madre—, ¿cómo vamos a explicárselo a la familia? Ellos invirtieron bastante tiempo y pusieron mucho amor al comprarte esos obsequios.

Su padre fue tajante:

—Tú lo decidiste, Frank. No podremos gastar en un solo regalo más.

Con su hermano ausente y su familia desilusionada de

él, Frank se sintió de pronto terriblemente solo. No había esperado recibir una recompensa por su generosidad, ya que sabía que la recompensa de una buena acción está en realizar la acción misma. De otro modo, se desvirtuaría. Y aunque no ansiaba tener de nuevo sus regalos, sin embargo, se preguntaba si alguna vez volvería a rescatar la verdadera alegría en su vida. Pensó que lo había logrado esa noche, pero había sido efímero. Frank pensó en su hermano y lloró hasta que se quedó dormido.

A la mañana siguiente bajó y se encontró a sus padres escuchando música de Navidad en la radio. Entonces el locutor dijo:

—¡Feliz Navidad a todos! Esta mañana les tenemos una muy bonita historia de Navidad que nos llega de los llanos. Hoy, un niño lisiado tiene un nuevo trineo, otro jovencito tiene una fina chaqueta de tartán y varias familias nos informan que sus niños fueron felices anoche con los regalos que les dio un muchacho adolescente, quien simplemente se hacía llamar el explorador de Navidad. Nadie pudo identificarlo, pero los niños de los llanos sostienen que el explorador de Navidad fue un representante personal del propio San Nicolás.

Frank sintió los brazos de su padre alrededor de los hombros y vio a su madre sonriendo con los ojos empañados de lágrimas.

—¿Por qué no nos lo contaste? No lo entendíamos. Hijo, estamos muy orgullosos de ti.

Los villancicos se oyeron de nuevo, llenando de música la habitación.

"...Las alabanzas cantan a Dios el Rey, y paz en la tierra a los hombres de buena voluntad."

Samuel D. Bogan

¿Existe San Nicolás?

Son las 6:00 de la tarde del 23 de diciembre de 1961. Estoy escribiendo esto en el vuelo de Nueva York a Los Ángeles. Cuando llegue a casa mañana a Honolulú, debo tener una historia de Navidad preparada para contársela a los niños del barrio. Me han pedido que la titule "¿Existe San Nicolás?" ¿Cómo puedo dar una respuesta sincera a jovencitos escépticos?

Espero que lleguemos a Los Ángeles a tiempo. Casi todos los que están a bordo tienen que hacer una conexión.

Son las 8:10 de la tarde. El piloto acaba de dar malas noticias: en Los Ángeles hay mucha niebla; ninguna aeronave puede aterrizar. Tenemos que desviarnos a Ontario, California, a un campo de emergencia no lejos de Los Ángeles.

Son las 3:12 de la madrugada. Es el 24 de diciembre. Con varios problemas, acabamos de aterrizar en Ontario, seis horas después de lo programado. Todos tenemos frío, estamos exhaustos, hambrientos e irritables. Todos perdimos nuestras conexiones. Muchos no llegarán a tiempo a su hogar para la Nochebuena. No estoy de humor para escribir una historia sobre San Nicolás.

Son las 7:15 de la mañana. Estoy escribiendo esto en el aeropuerto de Los Ángeles. Mucho ha sucedido en las últimas cuatro horas. El campo de aviación de Ontario era un manicomio. Veintenas de aviones que iban a Los Ángeles han tenido que aterrizar allí. Los pasajeros frenéticos, más de mil, esperaban poder avisar a sus familias que llegarían más tarde, pero la oficina del telégrafo estaba cerrada y había filas interminables en las cabinas telefónicas. No había alimento ni café.

Los empleados en esa pequeña terminal aérea estaban tan furiosos y agotados como los pasajeros. Todo había salido mal. El equipaje se había amontonado sin ton ni son, no importando su destino. Nadie parecía saber qué autobuses irían a dónde, o a qué hora. Los bebés lloraban; las mujeres preguntaban a gritos; los hombres rezongaban y se ponían sarcásticos. La multitud empujaba y se atropellaba, como un enjambre de hormigas asustadas, en un esfuerzo por encontrar su equipaje. Era casi imposible creer que éste era el día justo antes de Navidad.

Repentinamente, entre la conmoción nerviosa, escuché una voz calmada y confiada. Destacó como la campana de una gran iglesia: clara, serena y llena de amor.

—No se preocupe, señora —dijo esa voz—. Vamos a encontrar su equipaje y a lograr que llegue a tiempo a La Jolla. Verá que todo saldrá bien.

Ésta era la primera frase amable y positiva que había escuchado en mucho tiempo.

Me volteé y vi a un hombre que parecía haber salido de *La noche antes de Navidad*. Era bajito y corpulento, de rostro placentero y alegre. Sobre su cabeza llevaba una gorra de tipo oficial, de las que usan los guías de turistas. Por debajo de la gorra se asomaban mechones de pelo blanco rizado. Calzaba botas de cazador, como si acabara de llegar de un viaje en la nieve tras un grupo de renos.

Llevaba un jersey de color rojo ceñido cómodamente sobre su pecho redondo y su barriga prominente.

El hombre estaba parado junto a una carretilla de mano de fabricación casera, compuesta de una enorme caja colocada sobre cuatro ruedas de bicicleta. Contenía jarras de café humeante y montones de cajas de cartón repletas de cosas.

—Aquí tiene, señora —comentó el extraño hombre con voz alegre—. Tome un poco de café caliente mientras buscamos su equipaje.

Empujando el carrito y deteniéndose sólo para ofrecer café, o para desear simplemente un alegre "Feliz Navidad para ti, hermano", o para prometer que regresaría para ayudar, buscó entre los montones desparramados de equipaje. Finalmente, encontró las pertenencias de la mujer. Colocándolas en el carrito, le dijo:

—Sígame. Las pondremos en el autobús que va a La Jolla.

Después de dejarla acomodada, Kris Kringle — (así fue como comencé a llamarlo) volvió a la terminal. Me vi a mí mismo siguiéndolo y ayudándolo con el café. Sabía que mi autobús no saldría hasta una hora después, más o menos.

Kris Kringle fue un rayo de luz en la oscuridad. Había algo en él que hacía que todos sonrieran. Repartiendo café, o sonando la nariz de algún niño, riendo, o cantando pedazos de canciones de Navidad, calmó a los pasajeros consternados y les ayudó a ponerse nuevamente en camino.

Cuando una mujer se desmayó, fue Kris Kringle quien se abrió paso entre el grupo de inútiles que estaban alrededor de ella. De una de las cajas de cartón sacó sales y una manta. Cuando la mujer recobró de nuevo el conocimiento, les pidió a tres hombres que la llevaran a un cómodo sillón y que usaran el altavoz para hallar a un doctor.

"¿Quién es este gracioso hombrecito que todo lo resuelve?", pensé.

Luego, volviéndome hacia él, le pregunté:

—¿Para qué compañía trabaja usted?

—Hijito —me dijo—, ¿ves a esa niña con abrigo azul? Está perdida. Dale esta barra de caramelo y dile que permanezca donde está. Si se aleja, su madre no podrá encontrarla.

Hice lo que me pidió y volví a preguntarle:

—¿Para qué compañía trabaja usted?

—Caray, yo no trabajo para nadie. Sólo me estoy divirtiendo. Cada diciembre paso mis dos semanas de vacaciones ayudando a los viajeros. Con esta temporada siempre son miles los que necesitan una mano. Eh, mira lo que tenemos aquí.

Había localizado a una joven madre que lloraba con un bebé. Guiñándome el ojo, Kris Kringle se levantó la gorra hasta un ángulo elegante y empujó su carrito hacia ellos. La mujer estaba sentada sobre su maleta, abrazando a su bebé.

—Bueno, bueno, hermanita —dijo—. Tiene usted un lindo bebé. ¿Cuál es su problema?

Entre sollozos, la mujer le contó que no había visto a su esposo por más de un año. Iba a reunirse con él en un hotel de San Diego. Él no sabría qué los había demorado y se preocuparía, y además el bebé tenía hambre.

Del carrito, Kris Kringle sacó una botella de leche tibia.

—No se preocupe. Todo estará bien —le dijo.

Mientras la encaminaba hacia el autobús para Los Ángeles, en el cual yo me iba, escribió el nombre de ella y el del hotel en San Diego. Le prometió que le haría llegar un mensaje a su esposo.

—Dios lo bendiga —le dijo la mujer, subiendo a bordo con el niño dormido entre sus brazos—. Espero que tenga una feliz Navidad y que reciba muchos y maravillosos regalos.

—Gracias, hermana —le contestó saludando con la gorra—. Ya he recibido el regalo más grande de todos y usted me lo ha dado. Jo, jo, jo —continuó, al notar algo de interés en la muchedumbre—. Ahí hay un viejecito en problemas. Bueno, adiós, hermana. Voy hacia allá para darme otro regalo.

Se bajó del autobús. Yo lo hice también, ya que éste no saldría hasta después de unos minutos. Me miró y me preguntó:

—¿No vas a ir en este carricoche a Los Ángeles?

—Sí.

—Bueno, pues como has sido un buen asistente, quiero darte un regalo de Navidad. Siéntate junto a esa dama y ocúpate de ella y de su bebé. Cuando llegues a Los Ángeles —sacó un pedazo de papel—, háblale a su esposo a este hotel en San Diego. Cuéntale el motivo del retraso de su familia.

Sabía cuál sería mi respuesta, porque se alejó sin esperarla. Me senté junto a la joven mujer y cargué al bebé. Mirando por la ventanilla, vi a Kris Kringle, con su llamativo jersey rojo desaparecer entre la multitud.

El autobús arrancó. Me sentí bien. Empecé a pensar en el hogar y en la Navidad. Supe entonces cómo contestaría a la pregunta de los niños de mi vecindario:

—¿Existe San Nicolas?

—Yo lo conocí.

William J. Lederer

Una historia del Día
de Acción de Gracias

Sobrellevad los unos las cargas de los otros, y cumplid así la ley de Cristo.

Gál. 6:2

Era la víspera del Día de Acción de Gracias, el primero que mis tres hijos y yo íbamos a pasar sin su padre, quien se había marchado varios meses antes. Los dos niños mayores estaban muy enfermos de gripe y el mayor debía guardar reposo en cama por una semana.

Era un día fresco y gris, y caía una ligera lluvia. El cansancio comenzó a apoderarse de mí, mientras me esforzaba por atender a cada uno de los niños: termómetros, jugo, pañales, y los líquidos para los niños se terminaron rápidamente. Pero cuando revisé mi bolsa, todo lo que encontré fueron $2.50 y se suponía que esto tenía que alcanzarme hasta fin de mes. Entonces sonó el timbre del teléfono.

Era la secretaria de nuestra iglesia anterior, para decirme que habían pensado en nosotros y tenían algo que darnos de parte de la congregación. Le dije que iba a salir para comprar más jugos y sopa para los niños, y que me detendría en la iglesia de camino al mercado.

Llegué a la iglesia antes del almuerzo. La secretaria me recibió en la entrada y me entregó un sobre con un regalo especial.

—Pensamos en ti y en los niños con frecuencia —dijo ella—; están en nuestros corazones y en nuestras oraciones. Les tenemos un gran afecto.

Cuando abrí el sobre, encontré dos vales de despensa. Cada uno con valor de $20.00. Me sentí tan conmovida y emocionada que me puse a llorar.

—Muchísimas gracias —dije mientras nos abrazábamos—. Por favor, dale las gracias y todo nuestro amor a la iglesia.

Luego me dirigí a una tienda cercana a nuestra casa y compré algunos de los artículos tan necesarios para los niños.

En la caja, tenía un poco más de $14.00 en comestibles, así que le entregué a la cajera uno de los vales de despensa que me habían regalado. Ella lo tomó y luego me dio la espalda; me pareció que tardaba demasiado tiempo. Pensé que había algún problema. Finalmente dije:

—Este vale de despensa ha sido una verdadera bendición. La congregación de nuestra iglesia anterior se lo acaba de dar a mi familia, sabiendo que estoy sola, tratando de salir adelante.

La cajera volteó a verme con lágrimas en sus amorosos ojos y luego replicó:

—¡Querida, es maravilloso! ¿Tienes pavo?

—No. Pero no importa, porque de todas formas mis hijos están enfermos.

Volvió a preguntarme:

—¿Tienes algo para la cena del Día de Acción de Gracias?

Nuevamente contesté:

—No.

Después de entregarme el cambio del vale de despensa, me miró a la cara y me dijo:

—Querida, no puedo decirte ahora exactamente por qué, pero quiero que entres de nuevo a la tienda y compres un pavo, salsa de arándano, pastel de calabaza y cualquier otra cosa que necesites para una cena de Acción de Gracias.

Yo me sorprendí y me derrumbé; sentía correr mis lágrimas por el rostro.

—¿Está usted segura? —le pregunté.

—¡Sí! Toma lo que desees. Y lleva jugos para los niños.

Me sentí desconcertada al entrar de nuevo a la tienda para hacer más compras, pero escogí un pavo fresco, unos cuantos camotes y unas papas, y algunos jugos para los niños. Entonces llevé el carrito de compras hasta la misma caja. Mientras colocaba mis comestibles sobre el mostrador, la cajera me miró de nuevo con lágrimas en sus grandes y bondadosos ojos, y empezó a hablar.

—Ahora puedo contártelo. Esta mañana recé para poder ayudar a alguien hoy y tú pasaste por mi caja.

Sacó su bolsa de debajo del mostrador y tomó un billete de $20. Pagó mis comestibles y me entregó el cambio. Una vez más me emocioné hasta las lágrimas.

La dulce cajera dijo después:

—Soy cristiana. Aquí está mi número telefónico por si alguna vez necesitas algo.

Entonces tomó mi cabeza entre sus manos, me dio un beso en la mejilla y dijo:

—Que Dios te bendiga, cariño.

Mientras caminaba hacia la salida, me sentí turbada por el amor de esta desconocida y por darme cuenta de que Dios también ama a mi familia, y que nos mostró su amor a través de los actos bondadosos de esta mujer y de mi iglesia.

Se suponía que los niños iban a pasar el Día de Acción de Gracias con su padre ese año, pero por causa de la gripe estuvieron en casa conmigo para un Día de Acción de Gracias muy especial. Se sintieron mejor y todos nos alimentamos de la bondad y la generosidad del Señor, que llegó a nosotros por medio del amor de nuestra comunidad. En verdad, nuestros corazones estaban colmados de gratitud por tantas bendiciones.

Andréa Nannette Mejia

¿Coincidencia?

Den y recibirán; se les volcará en el seno una buena medida, apretada, rellena, rebosante; porque con la vara que midan ustedes serán medidos.

Lucas 6:38 NIV

Estaba muy orgulloso de mi hija Emily. A sus nueve años, había ahorrado con esmero sus mesadas durante todo el año y había tratado de ganar dinero extra haciendo pequeños trabajos por el vecindario. Emily quería comprar una bicicleta de montaña, algo que había deseado durante mucho tiempo, así que había estado guardando religiosamente su dinero desde principios de año.

—¿Cómo vas, cariño? —le pregunté poco antes del día de acción de gracias. Sabía que ella esperaba haber reunido todo el dinero que necesitaba para finales del año.

—Tengo cuarenta y nueve dólares, papi —me dijo—. No estoy segura de poder lograrlo.

—Te has esforzado mucho —le dije alentándola—. Sigue intentándolo como hasta ahora. Pero ya sabes que puedes elegir una bicicleta de mi colección.

—Gracias, papi. Pero tus bicicletas son tan *viejas*.

Reí para mis adentros, porque sabía que era verdad. Como coleccionista de bicicletas antiguas, todos los ejemplares para niña eran modelos de los cincuenta, así que no eran el tipo de bicicleta que una jovencita de hoy escogería.

Cuando llegó la temporada navideña, Emily y yo fuimos a comparar precios y vio algunas bicicletas más baratas, así que pensó que tendría que ajustarse al precio de una de ellas. Mientras abandonábamos la tienda, se fijó en un voluntario del Ejército de Salvación que tocaba su campana junto a una gran vasija.

—¿Podríamos darle algo, papá? —preguntó.

—Lo siento, eh, no tengo cambio —repliqué.

Emily continuó trabajando duro hasta diciembre y todo indicaba que cumpliría con su meta después de tanto trabajo.

Un día bajó por las escaleras, llegó hasta la cocina e hizo un anuncio a su madre.

—Mami —dijo titubeante—, ya sabes del dinero que he estado ahorrando...

—Sí, querida —sonrió mi esposa Diane.

—Dios me ha dicho que se lo dé a la gente pobre.

Diane se agachó y miró a los ojos a Emily.

—Ése es un pensamiento muy noble, mi amor. Pero has estado ahorrando durante todo el año. Tal vez podrías dar una *parte*.

Emily movió enérgicamente la cabeza.

—Dios dijo que *todo*.

Cuando vimos que ella hablaba en serio, le dimos varias sugerencias sobre cómo podría ayudar a los demás. Pero Emily había recibido instrucciones específicas. Así que una fría mañana de un domingo antes de Navidad, sin ningún alarde entregó todos sus ahorros, un total de $58, a un sorprendido y agradecido voluntario del Ejército de Salvación.

Supe que un distribuidor de automóviles de la zona estaba recolectando bicicletas usadas para renovarlas y dárselas a los niños pobres en Navidad, y conmovido por la abnegación de Emily, me di cuenta de que si mi hija de nueve años podía regalar todo su dinero, yo podía regalar al menos una de las bicicletas de mi colección.

Al escoger una brillante pero anticuada bicicleta de niño de las que tenía en la cochera, me pareció como si una segunda bicicleta destacara en la fila. ¿Debía dar una segunda bicicleta? No, seguramente con una sería suficiente.

Pero mientras subía a mi automóvil, me asaltó la sensación de que debía donar esa segunda bicicleta también. Y si Emily podía seguir instrucciones celestiales, decidí que yo también podía hacerlo. Regresé, cargué la segunda bicicleta en la cajuela y luego me dirigí al distribuidor.

Cuando le entregué las bicicletas, el propietario del local me dio las gracias y dijo:

—Está usted haciendo que dos niños sean muy felices, señor Koper. Y aquí están sus boletos.

—¿Boletos? —pregunté.

—Sí. Por cada bicicleta donada, estamos regalando una oportunidad para ganar una bicicleta de montaña nuevecita, para hombre, de 21 velocidades, de una tienda de bicicletas de esta localidad. Así que aquí están sus boletos con los que tiene dos oportunidades.

¿Por qué no me sentí sorprendido cuando el segundo boleto ganó la bicicleta?

—¡No puedo creer que hayas ganado! —rió Diane, encantada.

—Yo no lo hice —respondí—. Está muy claro que fue Emily.

¿Y por qué tampoco me sorprendió que el dueño de la tienda de bicicletas sustituyera con todo gusto una espléndida bicicleta de montaña nueva para niña, por la bicicleta para hombre que estaba anunciada?

¿Una coincidencia? Quizá. Prefiero pensar que fue la manera en que Dios recompensó a mi pequeñita por un sacrificio más allá de su edad, mientras le daba a su padre una lección sobre la caridad y el poder del Señor.

Ed Koper

3

SOBRE LOS PADRES Y LA PATERNIDAD

Graba sobre tu corazón las palabras que yo te dicto hoy. Incúlcaselas a tus hijos y repíteselas cuando estés en casa, lo mismo que cuando estés de viaje, acostado o levantado.

Deut. 6:6-7 NIV

Tras las huellas de su madre

Era un día muy ajetreado en nuestro hogar en Costa Mesa, California. Pero claro, con 10 hijos y otro en camino, todos los días eran un poco agitados. Ese día en particular, sin embargo, tenía dificultades incluso para realizar los quehaceres domésticos de rutina, y todo a causa de un pequeñito.

Len, que tenía entonces tres años, estaba encima de mis talones, dondequiera que me dirigiera. Cada vez que me detenía para hacer algo y me volteaba, tropezaba con él. Varias veces le había sugerido pacientemente actividades divertidas, para mantenerlo ocupado.

—¿No te gustaría jugar en el columpio? —le pregunté una vez más.

Pero él simplemente me brindó una inocente sonrisa y me dijo:

—Está bien, mamá, prefiero estar aquí contigo.

Luego continuó retozando alegremente a mi alrededor.

Después de pisarlo por quinta vez, comencé a perder la paciencia e insistí en que saliera a jugar con los otros niños. Cuando le pregunté por qué estaba actuando así, me miró con sus dulces ojos verdes y me dijo:

—Mira, mami, en la escuela mi maestra me dijo que caminara tras las huellas de Jesús. Pero como no puedo verlo, estoy caminando tras las tuyas.

Tomé a Len entre mis brazos y lo abracé. Lágrimas de amor y de humildad se derramaron sobre la oración que brotó en mi corazón: una plegaria de agradecimiento por la simple, pero hermosa perspectiva de un niño de tres años.

Davida Dalton
Según relato a JoEllen Johnson

Las manos de mi madre

En este mundo hay maravillas.
Dios nos ha dado panoramas prodigiosos.
Pero ninguno de ellos se compara
con la beldad de las manos de mamá.

Wilma Heffelfinger

Hace unos cuantos años, durante una de las visitas de mi madre, me pidió que la acompañara de compras porque necesitaba un vestido nuevo. Normalmente no me gusta ir de compras con otra persona, ya que no soy paciente; sin embargo, nos dirigimos juntas el centro comercial.

Visitamos casi todas las tiendas en las que había vestidos para damas y mi madre se probó un vestido tras otro, rechazándolos todos. En el transcurso del día, yo empecé a sentirme cansada y mi madre a sentirse frustrada.

Finalmente, en nuestra última parada, mi madre se probó un precioso vestido azul de tres piezas. La blusa tenía un moño en el escote y, mientras estaba en el probador con ella, me fijé cómo, con mucha dificultad, intentaba atarlo. Sus manos estaban tan impedidas por la artritis, que no podía hacerlo. Inmediatamente, mi impaciencia cedió ante una ola abrumadora de compasión hacia ella. Salí para tratar de esconder las lágrimas que brotaban de mis ojos involuntariamente. Al recobrar la compostura, regresé para atarle el moño. El vestido era hermoso y lo compró. Nuestra salida al centro comercial había terminado, pero ese suceso quedó grabado indeleblemente en mi memoria.

Durante el resto del día, mi pensamiento se pasó evocando aquel momento en el vestidor y la imagen de las manos de mi madre tratando de atar ese moño. Aquellas manos amorosas que me habían alimentado, que me habían bañado, que me habían vestido, que me habían acariciado y consolado y, sobre todo, que habían rezado por mí, estaban ahora conmoviéndome de una manera extraordinaria.

Después, en la tarde, fui al cuarto de mi madre; tomé sus manos, las besé y, para su sorpresa, le dije que para mí eran las manos más hermosas del mundo.

Estoy muy agradecida de que Dios me haya permitido ver con nuevos ojos cuán precioso e invaluable regalo de amor me hizo al darme una madre tan sacrificada. Sólo puedo rezar para que algún día mis manos y mi corazón puedan llegar a tener la misma belleza.

Bev Hulsizer

Manos

Gracias, Señor, por esas manitas sucias
que tocan mi estufa y mi nevera;
por aquellos deditos pegajosos
que construyen puentes con quimeras.

Por esas manitas torpes que tantean
en busca de cosas nuevas;
por las que sostenemos y nos llevan
como lo hacen las madres con frecuencia.

Por las manitas preciosas, que se extienden
y en las que abunda una fe inmensa;
por las manitas graciosas que pretenden
hallar en la frente de una madre la recompensa.

Y gracias por llevarme de tu mano,
por conducirme hasta la claridad;
por levantarme cuando caigo
y por mostrarme el camino hacia la verdad.

Mientras haya manitas por mí buscadas,
para mostrarles a dónde deben ir,
me sentiré tranquila, segura y bien amada,
igual que cuando te busco y te encuentro a ti.

Judith Peitsch

Las dos caras del amor

Confía en Yahvé, con todo tu corazón.
Nunca te apoyes sobre tu propia prudencia.
En todos tus caminos piensa en Él, y Él allanará
tus senderos.

Prov. 3:5, 6

Darrell se detuvo afuera de la pizzería local, dudando antes de abrir la puerta. Sacudió la cabeza como tratando de disipar las dudas de último minuto antes de la cita. Finalmente, suspirando, hizo a un lado su temor, empujó la puerta para abrirla, y entró en el restaurante favorito de su hijo.

Tenía tanto miedo de este encuentro que debió recurrir a su fortaleza emocional para entrar al restaurante sin desviarse. Dentro de unas horas, aunque él no lo sabía, iba a experimentar uno de los sucesos más positivos de su vida.

Darrell había venido a encontrarse con su hijo de 17 años, Charles. Aunque Darrell amaba a Charles profundamente, también sabía que, de sus dos hijos, Charles era el menos parecido a él.

Con su hijo mayor, Larry, la comunicación nunca había sido un problema. Actuaban y pensaban de una manera tan parecida que no necesitaban hablar mucho. Simplemente hacían las cosas juntos, como cazar o arreglar sus automóviles. Darrell siempre trataba a Larry como trataba a los hombres en su propio ambiente, que era el de la construcción: bruscamente. Y Larry siempre había respondido bien; incluso se crecía ante esa forma de ser tratado.

Pero Charles era un caso diferente. Darrell pudo percatarse de que desde muy temprana edad, su hijo Charles era mucho más sensible que Larry. Cada vez que Darrell asediaba a su hijo para motivarlo, como lo hacía con su hermano mayor, podía oír una alarma que sonaba en su interior.

Darrell había recibido dosis importantes de disciplina y de distanciamiento en su vida, la cara dura del amor, y solamente una exigua muestra de ternura y aceptación, la cara dulce del amor... y lo poco que a él le había sido dado, era lo que había tomado en cuenta para ofrecer a sus hijos.

"Es mi trabajo poner ropas en sus espaldas y alimento sobre la mesa; es el trabajo de su madre hacerlos sentirse amados", se dijo a sí mismo una y otra vez. Pero no podía convencerse de que con eso era suficiente para ser un buen padre. Darrell sabía qué tan profundamente lo había herido su propio padre. Y había visto ese mismo dolor en los ojos de Charles cientos de veces.

Darrell sabía que una gran parte del problema era ése. Charles había esperado, casi exigido, una relación más cercana con él a través de los años. No había sido suficiente que fueran juntos a cazar. Charles quería conversar mientras iban en camino, ¡incluso platicar mientras cazaban!

Sólo recientemente se había percatado de que la única razón por la que él y Charles se trataban en ese momento, era que su hijo había dejado de hablarle, ¡de repente!, así como Darrell lo había hecho, siendo un adolescente, con su propio e inexpresivo padre. Charles se había retirado a una distancia segura y hacía un gran esfuerzo no hacer nada que pudiera incomodar a para su papá.

Como muchos de nosotros, Darrell había eludido las relaciones cercanas. Durante años, su esposa y su hijo lo habían perseguido, y durante los mismos años, él se había escapado, tratando de mantener una "cómoda" distancia entre ellos.

Entonces, un buen día, Darrell se encontró consigo mismo durante un retiro de hombres en su iglesia, y el deseo de evadirse por fin acabó.

Aquel día en el retiro, se encontró frente a frente con el hecho de que el amor tiene dos caras. Como muchos hombres, él se había convertido en un experto en la faceta más dura de las dos. Podía repartir los castigos, pero no extender los brazos y abrazar a su hijo. En un abrir y cerrar de ojos podía llamar la atención por un error que Charles hubiera cometido, pero las palabras de aliento sólo llegaban los días de fiesta o cumpleaños, si es que llegaban.

En el retiro masculino, Darrell aprendió que, aunque el amor de una madre es muy importante, los niños necesitan más: necesitan desesperadamente sentir el amor incondicional de su padre también.

Darrell era un hombre fuerte, emocional y físicamente. Sin embargo, aunque él creía que era un hombre duro, una pregunta que hizo el orador se clavó en su corazón:

—¿Cuándo fue la última vez que abrazaste a tu hijo y le dijiste, frente a frente, que lo amabas?

Darrell no podía recordar cuándo había sido la "última vez". En realidad, no podía pensar en una primera vez.

Escuchó al orador decir que el amor genuino tiene dos caras, no sólo una. De repente se dio cuenta de que había estado amando a Charles sólo con la mitad del corazón, y de que su hijo necesitaba ambas caras del amor *de la misma persona.*

Lo que Charles más necesitaba de su padre era que fuera un hombre auténtico que le mostrara cómo amar a una esposa y a una familia con todo el corazón, y no un hombre inseguro, que tenía que delegar en su esposa la ternura y los actos de amor. Darrell había pasado años tratando a su hijo duramente para ganarse su respeto; en cambio, lo que había conseguido era su temor y su resentimiento. Fue esta reflexión la causante de que Darrell citara a su hijo para reunirse con él una tarde en la pizzería local, después de la práctica de fútbol.

—Hola, papá —dijo Charles dando la mano a su padre, quien acababa de entrar. Charles medía un metro ochenta y cinco centímetros y estaba acostumbrado a bajar la vista cuando saludaba a los demás. Pero en esta ocasión miraba de frente para encontrarse con los ojos de su padre. Y aunque Darrell había cumplido 51 años ese mismo mes, no tenía el aspecto de edad madura que tienen la mayoría de los hombres de su edad. Al contrario, todavía conservaba una figura atlética que lo había hecho ser estrella de su equipo de fútbol en la escuela superior.

—Charles —dijo Darrell, ajustándose los lentes y mirando ligeramente hacia abajo mientras hablaba—: he estado pensando mucho últimamente. Me ha afectado mucho pensar que éste será tu último verano en casa. Te irás pronto para asistir a la universidad. Y junto con las maletas de ropa que irán contigo, también te llevarás un bagaje emocional que, para bien o para mal, yo te he ayudado a empacar a través de los años.

Por lo regular, Charles era el comediante de la familia, pero esta vez, en lugar de tratar de "aligerar" la conversación, se quedó en silencio. Su padre nunca acostumbraba hablar sobre la relación de ambos. Realmente, no acostumbraba hablar sobre *nada* serio. Por eso, prestó mucha atención mientras lo escuchaba.

—Hijo, quisiera pedirte algo. Retrocede, tan lejos como puedas, hasta cuando tenías tres años o aun menos, y recuerda todas las veces que lastimé tus sentimientos o que no hice bien las cosas; cada vez que te haya hecho sentir que no te amaba o que te hayas sentido mal por algo que dije o hice.

"Sé que somos personas diferentes. Puedo ver ahora que esto ha sido siempre muy difícil para ti. En realidad, he sido muy duro contigo la mayor parte del tiempo. He tratado de obligarte a ser la persona que yo pensaba que deberías ser. Ahora me doy cuenta de que he invertido muy poco tiempo en escuchar realmente lo que tú quieres llegar a ser.

"Siéntete en libertad de compartir conmigo cualquier cosa que te haya herido de mi parte, que lo único que haré será escucharte. Luego, me gustaría que habláramos al respecto y quisiera pedirte que me perdones por cada una de esas cosas. No necesitas empacar el equipaje negativo con el que yo pude haber contribuido. Ya tienes suficiente con lo que te depararán los próximos cuatro años en la universidad.

"Me doy cuenta de que ha pasado mucha agua bajo el puente, muchos años perdidos."

Quitándose sus lentes y limpiando las lágrimas de sus ojos, suspiró; luego, miró de frente a Charles.

—Podemos estar aquí toda la noche —continuó—; estoy preparado para eso. Pero primero necesitas saber cuánto te amo y qué orgulloso me siento de ti.

Charles había visto las palabras "te quiero" escritas con la letra de su padre en las tarjetas de Navidad y de cumpleaños, pero ésta era la primera vez que las había escuchado de sus propios labios. Había aprendido a esperar la rigidez de su padre. Ahora que ese padre había agregado dulzura a su amor, Charles no supo qué decir.

—Papá —dijo tartamudeando—, no te preocupes por el pasado. Yo sé que tú me amas.

Pero ante la insistencia de su padre, hizo que su memoria se remontara a una época pasada y dejó que sus pensamientos evocaran las imágenes que había acumulado durante 17 años de vivir con él.

Lentamente, mientras Charles se percataba de que las aguas de la conversación eran realmente seguras, descargó los años de dolor sobre la mesa. Habló de las temporadas que había pasado convirtiéndose en un famoso jugador de fútbol americano para complacer a su padre, cuando en realidad hubiera preferido jugar balompié.

Habló también del sutil resentimiento que siempre había experimentado porque no importaba lo mucho que se esforzara, no podía equipararse con los logros de su hermano mayor. Y había, además, muchos comentarios desagradables que su padre había hecho para motivarlo, pero que en realidad lo habían desalentado y dañado.

Mientras le contaba a su padre cada experiencia, grande o pequeña, Charles podía percibir un arrepentimiento genuino en los ojos de su papá. Y todavía más: escuchaba palabras de remordimiento y de alivio, aun para el hecho más pequeño que hubiera dejado un borde áspero en sus recuerdos.

Aproximadamente tres horas después, la fructífera conversación terminó. Mientras Darrell tomaba la cuenta, dijo:

—Sé que fue inesperado para ti tener que recordar 17 años. Pero quiero que sepas que mi puerta estará siempre abierta si hay algo más por lo que necesite pedir perdón.

La cena había terminado, pero una nueva relación comenzaba para ellos. Después de 17 años de ser dos extraños que vivían bajo el mismo techo, finalmente estaban en camino de encontrarse el uno con el otro.

No hace mucho tiempo, las cámaras de los noticieros de

televisión captaron a miles de personas celebrando cómo el Muro de Berlín se venía abajo, después de haber dividido la ciudad por más de 25 años. Y podemos imaginar que esa noche, en la pizzería, los ángeles estuvieron allí y celebraron mientras se abría la primera hendidura de un muro emocional entre un padre y su hijo.

Había sido una noche conmovedora e importante para ambos. Pero al levantarse, Charles hizo algo que sorprendió a su padre.

Algunas personas, desde las mesas cercanas, vieron cómo un robusto jugador de fútbol daba a su también robusto padre un tierno pero enérgico abrazo por primera vez en muchos años. Con lágrimas en los ojos, aquellos dos hombres fuertes permanecieron abrazándose uno a otro, sin importarles las miradas de quienes los rodeaban.

Gary Smalley y John Trent

El regalo a medias:
un perro para David

*Una casa se construye con troncos, piedras,
losas, pilares y entrepaños; un hogar se
construye con actos de amor que siempre
perduran, a pesar de los años.*

Anónimo

—¿A dónde he ido y qué he hecho? —me pregunté
nerviosamente, mientras espiaba a través de la ventana a
la cachorrita con manchas que había comprado esa
mañana. Ella gañía y arañaba, mientras mordía la cuerda
que la ataba a la pata de la mesa afuera en el patio.

Durante tres años me había resistido a las súplicas de
mi hijo David, de nueve años, de tener un perro. No iba a
comprometer la paz, la belleza y el orden de que
disfrutaba con los problemas que trae un cachorrito. Pero
un día mientras limpiaba, encontré 30 notas. Cada una
decía: "Querida mamá, quiero un perro".

"No quiero que mi hijo crezca sintiéndose privado de
nada", me decía el lado maternal de mi corazón. "Pero no

quiero un perro", protestaba mi yo meticuloso.

Aun así, revisé sin mucho ánimo la columna de mascotas en venta del periódico local. Los únicos perros que se anunciaban eran mezcla de collie con pastor. Ahora, uno de ellos daba una serenata a los vecinos desde el patio trasero. Me puse tensa esperando las quejas.

Para David y Tippy, llamada así por la mancha blanca al final de su rabo, había sido amor a primera vista y horas de "Persigue la vara" y "Siéntate, niña, acuéstate, niña. Eres una buena niña". Pero mientras David asistía a la escuela, la animosa cachorrita se aburría y hacía travesuras.

Se convirtió en mi obligación rescatar los calcetines, las zapatillas y al cartero. Cuando até a un árbol en el jardín a una Tippy que no hacía más que escarbar, sus quejidos me alteraron los nervios. Y odiaba limpiar "sus gracias".

—Voy a deshacerme de esa perra —había amenazado.

—Sólo deja todo así hasta que yo regrese a casa — ofrecía David ansioso, al arrastrar a Tippy afuera para otra lección de obediencia. Pero lo peor estaba aún por venir.

Una mañana, cuando Tippy tenía siete meses de edad, unos gruñidos y ladridos amenazadores que venían del exterior me hicieron correr hacia la puerta. Tippy se movía en círculos, deseando salir. Al entreabrir cuidadosamente la puerta, un decidido pastor alemán trató de colarse.

—¡Oh, no! —grité, tratando de cerrar la puerta sobre su hocico. "¡Tippy está en celo! ¡Ésta fue la gota que derramó el vaso!", pensé.

Durante los siguientes 10 días, nuestro jardín se convirtió en un campo de batalla. A través de las cortinas miraba, aterrorizada, cómo siete perros se enfrentaban, arañaban y luchaban por el amor de Tippy, al mismo tiempo. Teníamos que esperar el momento oportuno para sacarla por la puerta trasera a dar una corta caminata. Una mañana, dio un tirón muy fuerte. Me quedé parada sosteniendo una correa desabrochada, mientras Tippy se iba al bosque con un collie y la perseguían todos los perros que había en el jardín de enfrente.

Nueve semanas después, sin que nadie se escandalizara, Tippy nos presentó una camada de cachorritos. David estaba extasiado. Después de contar nueve ruidosos perritos en lactancia, me dirigí a atender una jaqueca amenazadora. ¡Sólo podía pensar en que la enajenada niñez de Tippy se repetiría nueve veces al mismo tiempo!

Primero, los perros para afuera. Después, los perros para adentro. La paz, la belleza y el orden parecían más lejanos que nunca.

Cuando los cachorritos tenían cinco semanas, Tippy tuvo fiebre alta y dejó de comer.

—Tiene mastitis —nos dijo el veterinario—. Su vida está en peligro. No puede amamantar a sus cachorros. Ya que tratará de hacerlo mientras estén con ella, tendrá que regalarlos de inmediato.

La súbita separación puso a Tippy frenética. Iba de habitación en habitación, llorando, rasguñando, olfateando. Incapaz de encontrar a sus bebés, se abrazó a una bota de piel, la cual lamía con ternura.

Luego le dio por arrastrar a casa cadáveres de conejos y ardillas, haciendo guardia junto a ellos en el jardín. Si alguien se acercaba, enseñaba los dientes y gruñía.

Cuando sus amenazas obligaron a nuestros amigos a permanecer en su automóvil a la entrada de nuestra casa, tuve suficiente. Primero perros peligrosos, después animales muertos, ahora amigos temerosos de llegar a nuestra puerta. Esta perra dominaba mi vida. Tippy tendría que irse. Le había dado un trato justo. David tendría que comprender.

Al día siguiente, metí a Tippy en mi camioneta y me dirigí al centro de adopción de animales. Mientras manejaba, le eché un vistazo por el espejo retrovisor. Lágrimas inesperadas corrieron por mis mejillas. "Estoy haciendo lo correcto", me decía a mí misma. No quería pensar de otra manera.

En el centro de adopción, un asistente condujo a Tippy a una jaula en el salón de exhibición. Tippy se echó en un rincón, con la cabeza sobre una de sus patas. En la nota pegada en su jaula, se explicaba su extraño comportamiento. Hice tiempo, esperando que alguien más valiente que yo adoptara a Tippy mientras aún estaba ahí. Así podría decirle a David que Tippy definitivamente tenía un nuevo hogar.

Casi de inmediato, una joven pareja preguntó por ella. Me adelanté, diciendo a la pareja que yo había traído a Tippy. El hombre, el señor Bradley[1], sugirió que intercambiáramos números telefónicos, "en caso de que tengamos alguna pregunta que hacerle".

Al regresar a casa, encontré a David acurrucado en su cama, mirando una fotografía de Tippy.

—Tiene un nuevo hogar, Dave —le dije—. Ahora ella tendrá la oportunidad de olvidar a sus cachorritos y de curarse. ¿No estás contento por ella?

No estaba contento. No podía comer. No podía dormir. Se quedaba en su cuarto abatido y ni siquiera un juego de béisbol lo animaba.

Una tristeza silenciosa cayó sobre nuestra casa. "¿Dónde —me preguntaba— está la paz, la belleza y el orden que no tener perros se supone que traería?"

Una casa pulcra y ordenada no parecía tan importante después de todo.

Una casa feliz sí lo era, con risas y carreras y, desde luego, con ladridos felices.

---

[1] Los nombres han sido cambiados para mantener en reserva la identidad de los involucrados.

—Querido Señor —recé—, ¿qué he hecho? ¿Sería justo para los Bradley pedirles que nos regresaran a Tippy? Si dicen que sí, ¿podría manejarlo? Por favor, muéstrame qué debo hacer.

Cuando David continuó afligido al día siguiente, me sentí obligada a llamar por teléfono.

—Nuestro hijo está deprimido. Si no fuera así, no se los pediría —le dije al señor Bradley—. ¿Consideraría vendernos otra vez a Tippy?

—Siento oír eso sobre David —dijo el señor Bradley—. Dígale que Tippy está muy bien. No ha tenido el extraño comportamiento que usted mencionó. Me imagino que dio resultado trasladarla a otro lugar. Nuestras niñas están locas con ella. Estoy seguro de que David estará bien en pocos días.

Varias noches después trataba de leer el periódico, pero no me podía concentrar. Sabía que David estaba tendido en su cama, como de costumbre, abrazando la foto de Tippy. Yo quería consolarlo, pero, ¿cómo? Después de todo, yo lo había separado de su adorada perra. Estaba empezando a darme cuenta de que, si un regalo no se brinda con todo el corazón, sin ningún tipo de condiciones, no es un regalo en absoluto, ni para el que lo da ni para quien lo recibe.

Me senté en la orilla de la cama de David. Volteó hacia mí y vi que sus ojos estaban rojos e hinchados.

—Mamá, ¿viven los Bradley en una calle con mucho movimiento? ¿Tienen a Tippy amarrada? ¿Saben qué cantidad de alimento hay que darle y...? —se convirtió en un mar de lágrimas.

Tomándole la mano, le dije:

—Estás muy preocupado por Tippy, ¿no es así? ¿Por qué no hablamos con Dios sobre ella?

David se enderezó rápidamente.

—¡Sí! ¡Rezaré para que Tippy regrese a casa!

—Dave, quiero que sepas que estoy deseando que Tippy regrese. Veo cuánto la amas. Pero los Bradley la aman también y dicen que está muy bien allá. Tú quieres lo mejor para Tippy, ¿no es cierto?

David asintió.

—No vamos a decirle a Dios lo que tiene que hacer —sugerí—. Simplemente pidámosle que todo resulte bien para todos: para Tippy, para los Bradley y para nosotros.

David inclinó su cabeza.

—Querido Jesús, por favor, haz que Tippy se sienta mejor y manténla a salvo, y haz que todos seamos felices, sin importar quién se quede con ella, aunque no seamos nosotros. Amén.

Entonces, con un profundo suspiro y con el esbozo de una sonrisa, David se dejó caer sobre su almohada y se quedó dormido. Me maravillé de lo rápido que la paz tocaba su corazón cuando rezaba.

Mientras lo arropaba, sentí una tibia sensación en mi corazón también. Era como si mi corazón, que había estado dividido, se juntara en un deseo abrumador. Había estado deseando que Tippy regresara; ahora, ¡la quería de regreso! Tal parecía que en el momento en que David estaba dispuesto a renunciar a su perra por el propio bien del animal, yo la quería de regreso por el propio bien de mi hijo. Me pregunté si Dios nos estaba preparando para que Tippy se quedara donde estaba, o para que regresara. Pronto lo sabría.

La tarde siguiente, llamó el señor Bradley.

—He estado pensando en David y preguntándome si todavía quieren a Tippy.

—¡Oh, sí! —casi grité—.

¡Sí, sí! Sabía que a causa del cambio que se había dado en mi corazón, Tippy no podría hacer nada para que yo cambiara de parecer.

Una hora después, Tippy brincaba en la puerta de

entrada. Como un clavo atraído por un imán, se lanzó directamente sobre David. ¡Qué mezcla de piel y pelos, brazos y patas, piernas y rabo! David sólo decía:

—¡Oh, Tippy, oh, Tippy!

Y Tippy sólo gemía y lamía su cara. Después, todos nos abrazamos y lloramos, mientras Tippy nos lamía llena de amor.

¿Regresaron la paz, la belleza y el orden a nuestro hogar? No exactamente, pero el amor y la alegría sí lo hicieron. ¡Y puedo decir, con total sinceridad desde el fondo del corazón, que estoy contenta!

Priscilla Larson

El sueño de Andy

En cierta ocasión quise poder borrar la imagen de mi memoria: mi primer hijo, el niño que amaba con todo el corazón, mirándome fieramente mientras lo dejaba en un centro juvenil de readaptación.

—¡Te odio! —me gritó, y su odio me atravesó como un cuchillo—. ¡No quiero volver a verte!

"¿Cómo pudieron las cosas salir tan mal?", me atormentaba.

Y aun así, esa imagen es ahora un recuerdo de lo que mi hijo ha logrado y del amor que lo ayudó cuando su familia no pudo hacerlo.

Andy siempre había sido un poco travieso, así que ni su padrastro, Dan, ni yo nos preocupamos demasiado cuando los profesores se quejaron de que interrumpía la clase.

—Lo único que necesita es un poco de disciplina y mucho amor, —nos decíamos mutuamente. Lo llevábamos de pesca cuando era bueno y lo castigábamos cuando se portaba mal, pero su comportamiento sólo empeoró. Peleaba con otros niños en la escuela y estallaba con violencia en casa. Nada de lo que hiciéramos, ya fuera suplicar o quitarle privilegios, producía algún efecto en él.

En cuarto grado, diagnosticaron que Andy tenía problemas de aprendizaje y lo cambiaron a una clase especial. "Ahi le brindarán la atención que necesita", me dije. Todos los días, al regresar de mi trabajo como funcionaria de gendarmería en una prisión, le preguntaba:

—¿Cómo te fue en la escuela?

—Bien —me respondía.

Así que me sorprendí cuando llamaron de la escuela para decirme que no había asistido a ella, ¡durante cuatro semanas!

—Pero, ¿por qué, Andy? —le imploré.

—Porque la detesto, eso es todo —me dijo.

Ahora me doy cuenta de que sus problemas de aprendizaje deben haberlo hecho sentirse tan mal y tan enojado consigo mismo, que trató de no preocuparse más. A los 13 años, Andy andaba con gente muy brava, fumaba y tenía peleas callejeras. Nuevamente, intentamos castigos, sermones, incluso terapia, pero nada sirvió. Mis otros hijos, Justin de 10 años y Joshua de dos, tenían buena conducta. No podía dejar de recordar los buenos consejos que mis padres y mis cariñosos abuelos, amantes de la Biblia, me habían dado de niña. Yo había tratado con ahinco de trasmitir esos mismos valores. "¿En qué me equivoqué con Andy?", me atormentaba.

—¡Señor, ayúdame! —murmuré.

Una noche, Andy fue arrestado por meterse en una casa, sólo por gusto.

—¿Qué *ocurre* contigo? —le grité. En el trabajo, miraba los ojos endurecidos de los presos y pensaba: "Si Andy sigue así, terminará igual que ellos".

Pero fue una llamada de su consejera de orientación la que finalmente me orilló a actuar. Cuando ella le preguntó por qué no había hecho su tarea escolar, él se había encogido de hombros y había dicho:

—No sé. Creo que simplemente me voy a suicidar.

Sentí correr escalofríos por mi espalda. "Esto tiene que terminar *ahora*", aseguré. Telefoneé a un centro juvenil del que había oído hablar, llamado Hoja Verde. "Quizá ellos puedan ayudar", pensé.

Después de la primera semana de tratamiento, su consejero llamó. Andy infringía todas las reglas. Cuando yo me puse a llorar de frustración, Dan me tranquilizó: "Va a mejorar". Pero cada semana, las noticias eran las mismas: Andy era hostil. Andy pateó la pared. Andy odiaba la vida.

Entonces, un buen día, su consejero me contó que Andy había comenzado a cooperar en la terapia. "Es un comienzo", me dije, sintiendo un soplo de esperanza. La siguiente semana, Andy llamó y, cuando escuché su voz, me sorprendí. Milagrosamente, su enojo había desaparecido y en su lugar había una alegría que no me era familiar.

—¡Hola, mamá! —dijo alegremente—. Te extraño. ¿Cómo estás?

Cada semana había mejores noticias. Andy iba bien en sus clases y hablaba con respeto. "Su progreso es increíble", me dijo su consejero. Cuatro meses después de que Andy entrara en el programa, regresó a casa para siempre y vi en sus ojos algo que no había visto en años: alegría.

Ahora, el hijo que se había marchado lleno de furia se ofrecía a cuidar a Joshua y a realizar quehaceres en la casa. Pronto volvió a la escuela, ¡y a una clase normal!

Me sentí agradecida con el centro de readaptación, asumiendo que ellos habían realizado el milagro. Y de muchas maneras, lo hicieron. Pero un año después, me enteré de que Andy había recibido ayuda de alguien más. Una noche, toda la familia estaba sentada alrededor de la chimenea, cuando Andy dijo:

—Mamá, hay algo de lo que nunca te he hablado.

Él nos contó entonces un sueño que había tenido dos meses después de haber llegado a Hoja Verde. Estaba caminando por una vereda sucia y llegaba a una vieja casa, donde una viejecita estaba sentada en el portal, leyendo la Biblia.

—Era bajita y robusta —dijo—, con cabello blanco recogido en un moño y hermosos ojos azules. Llevaba un chal blanco de flecos con un diseño en forma de diamante en el tejido.

Él no notó las lágrimas en mis ojos, mientras continuaba:

—Le dije que tenía sed y le pedí agua —dijo—. Me miró y exclamó: "Andy, vas por muy mal camino". Le pedí agua nuevamente, y volvió a decirme: "Andy, soy tu bisabuela. Tienes que cambiar tu modo de ser". No puedo explicarlo, mamá —dijo Andy—. Pero al día siguiente, me sentí muy diferente, menos enojado. El sueño permaneció conmigo por un largo tiempo.

Yo estaba llorando; le dije:

—¡Oh, Andy, ella *era* tu bisabuela!

Cuando los niños escucharon mudos de asombro, les conté que acostumbraba sentarme con mi abuela en su portal, mientras leía su Biblia. Era exactamente como Andy la había descrito. Murió un mes antes de que Andy naciera y en su testamento me dejó su chal blanco de flecos, con el hermoso diseño de diamantes.

Aunque le había hablado muy poco a Andy sobre su bisabuela, nunca había visto una foto de ella después de los 30 años y el chal había estado guardado desde que ella murió.

—¡Deben haberla enviado a que me ayudara! —lloró Andy.

Yo sonreí y asentí. Esa noche, mientras verificaba que mis niños estuvieran dormidos, susurré:

—Gracias, Dios, y *gracias* abuela.

Hoy, Andy tiene 20 años y es para mí una fuente

constante de orgullo. Está en la Guardia Nacional, en la Compañía 269, y me comenta que algún día le gustaría formar su propia familia.

—Tú puedes llegar a ser lo que desees —le digo—. Después de todo, alguien especial está cuidándote.

Anne Bembry
Extractado de Woman's World Magazine

La mantita de seguridad

Cuando acababa de salir del seminario, mi esposa Kathy y yo nos mudamos con nuestro pequeño hijo Nate, de dos años, a un pequeño pueblo de Alaska. Los aviones pequeños de tres y cuatro pasajeros que tomábamos en nuestros vuelos de conexión aterrorizaban tanto a nuestro niño que tomaba su manta favorita y se cubría la cabeza con ella hasta que aterrizábamos sobre la pista. Más tarde, durante los largos meses de ajuste que siguieron, cuando aprendíamos cómo vivir en un lugar nuevo, entre nuevas personas con una cultura diferente, mi hijo llevaba su mantita de seguridad a todas partes, y pronto ésta llegó a convertirse en una tela suave y desgastada. Él no podía quedarse dormido hasta que tuviera su manta y pudiera sumirse cómodamente en su calidez.

El segundo año que pasamos en el pueblo, tuve la oportunidad de ser invitado como orador a una conferencia en una misión de Seattle. Mientras hacía la maleta para el viaje, mi hijo me seguía por la habitación, preguntándome a dónde iba y cuánto tiempo tardaría en regresar, ¿y por qué tenía que hablar con esa gente, si nadie iba a hablar conmigo? Afinando mi discurso en la mente, estaba un poco distraído y preocupado por tomar a tiempo el pequeño avión a las afueras del pueblo. Mi hijo parecía muy intranquilo por el hecho de que tuviera que volar con mal tiempo en uno de esos aviones pequeñitos a los que él tanto temía. Lo tranquilicé diciéndole que todo estaría bien y le pedí que cuidara de su mamá hasta que yo estuviera de vuelta. Con un abrazo en la puerta, me marché rumbo a la pista del pueblo y a cumplir con mi compromiso de oratoria.

Cuando llegué al hotel en Seattle, no tuve tiempo para desempacar hasta en la tarde y me sorprendí cuando abrí la maleta y encontré adentro la mantita de seguridad de mi hijo. Me imaginaba a mi esposa tratando desesperadamente de encontrar la mantita perdida, mientras preparaba a nuestro hijo para ir a la cama. Inmediatamente me dirigí al teléfono para llamar a Kathy y decirle que la manta estaba en mi equipaje, para que así ella pudiera calmar a nuestro hijo, que seguramente estaría frenético.

Kathy tomó el teléfono y apenas tuvo tiempo de contestar, cuando comencé a explicarle que la manta estaba en mi equipaje y que no tenía idea de cómo había ido a dar accidentalmente a ese lugar. Estaba en la mitad de mi apología, cuando Kathy me tranquilizó con la noticia de que ya sabía dónde estaba la mantita.

Me dijo que había cargado a Nate junto a la ventana para que viera cómo me iba de la casa. Le había sugerido que rezaran "para que papá tuviera un viaje sin contratiempo". Pensando que nuestro hijo estaba muy asustado por el pequeño avión que despegaba de la pista del pueblo, ella rezó:

—Adorado Señor, por favor ayuda a que papi se sienta seguro en el avioncito.

Cuando terminó la oración, nuestro hijo Nate habló y consoló a su mamá.

—No te preocupes, mamá, le di a papá mi manta para que lo cuide.

Rdo. Dr. Bruce Humphrey

Mi padre

Mejor es estar dos que uno solo, porque dos logran más rendimiento en su trabajo. En caso de caída, el uno levanta al otro; pero, ¡ay del solo que cae y no tiene nadie que lo levante!

Ec. 4:9, 10

Siempre, desde que tengo uso de razón, mi padre entraba a nuestra habitación muy temprano todas las mañanas, encendía la luz, quitaba las cobijas de la cama de mi hermano y de la mía, y decía con voz muy clara y fuerte:

—¿Todavía están en la cama? ¡La mitad del día se ha ido!

Eran las siete de la mañana. Pero si dormías después de esa hora, eras simplemente un perezoso y él no escucharía razones, ¡no con *sus* hijos!

Mi padre laboró 30 años en una fábrica y nunca faltó a su trabajo, hasta que le diagnosticaron cáncer y tuvo que retirarse. Tenía habilidad para cualquier oficio: carpintero, electricista, plomero, mecánico, albañil; no había nada que no pudiera hacer. Y nunca cometió una equivocación; diría simplemente:

—¡Así es como yo lo quería!

El sueño de mi padre era construir una casa propia para su familia, pero nosotros siempre fuimos un poco pobres. Nuestro automóvil "nuevo" siempre había sido de alguien más, aunque era nuevo para nosotros. Papá y mamá nos enviaron a la universidad, a mi hermano y a mí, compraron y pagaron dos casas y siempre tuvimos alimento sobre la mesa y ropa que ponernos, y la casa más limpia del pueblo. Pero mi padre nunca pudo construir su casa propia, como siempre lo había soñado.

Cuando yo tenía 35 años y era padre de dos hijas, mi esposa y yo decidimos construir nuestra casa propia. ¡Esto iba a ser un acontecimiento muy importante en la historia de nuestra familia! Yo era un graduado de la universidad con una maestría y ahora construiría mi propia casa. Nunca habían ido mejor las cosas para una familia italiana "que había venido en barco" a principios de siglo.

Mi esposa y yo terminamos el plano de nuestra casa y buscamos los servicios de un contratista. Nunca olvidaré el día en que fui a casa de mi padre para compartir con él este suceso. Me sentía tan orgulloso que creí que reventaría. Y creí que mi padre se sentiría tan orgulloso y feliz como yo. Bien, pues eso no fue exactamente lo que sucedió.

Mi padre tenía entonces 65 años y acababa de vencer el cáncer por segunda vez. Me miró desde la mesa de la cocina y me dijo:

—Muchacho, estoy seguro de que no deberías hacer esto.

Sentía que se apagaba el ímpetu con el que había venido, evidentemente las cosas no tenían que ser así. Yo iba a construir la casa que él siempre había querido edificar y debería sentirse entusiasmado por mí.

Me quedé aturdido y le pregunté por qué pensaba así. Papá dijo enfáticamente:

—No tienes suficiente dinero ni habilidad para construir una casa, y yo ya estoy demasiado viejo.

Por supuesto que no estuve de acuerdo y le dije que iba a hacerlo de cualquier manera, con o sin su bendición. ¡Vaya presunción de un tipo que no podía ni clavar un clavo!

Papá dijo que yo no tenía suficiente experiencia y que construir la casa era sólo la mitad del trabajo. Había millones de otras cosas que terminar, que yo ni siquiera había tomado en cuenta. Dijo que nos tomaría unos 10 años terminar completamente la casa que queríamos construir. Mi madre, por otro lado, nos dijo que hiciéramos lo que nos pareciera y que nos deseaba buena suerte.

Comenzamos pidiendo un préstamo en el banco y arreglándonos con los contratistas y subcontratistas. No pasó mucho tiempo antes de que tuviera que tragarme mis palabras. Me faltaban $3.000 para asegurar mi préstamo y todavía no habíamos empezado. Así que, con sombrero en mano, fui a ver a mi "viejo" y muy humildemente le pedí que me prestara esa suma. Le aseguré que se lo pagaría en los términos que él quisiera. Papá estaba sentado en la mesa de la cocina con mi madre, tomando una taza de café. Le dijo a mi madre, que es la administradora de la familia:

—Hazle al muchacho un cheque por $5.000.

Pensé que me había entendido mal, así que se lo repetí. Me comentó que me había escuchado y que yo era el que no comprendía. Agregó que ya había anticipado que me iba a quedar corto de dinero y que él y mi madre habían decidido darme $5.000 como un regalo para que iniciáramos nuestra construcción.

Las lágrimas se deslizaron por mi rostro. Vi a un viejo, quien en 30 años nunca faltó a su trabajo, dar su dinero ganado con mucho esfuerzo a un hijo con grandes ideas y poco dinero para respaldarlas. Mi madre sólo sacó la chequera y me firmó un cheque como mi padre se lo había solicitado.

Pero nuestros problemas acababan de comenzar. El contratista empezó a construir en febrero. Mi esposa y yo somos profesores de escuela y ninguno de los dos podíamos estar durante el día para supervisar el trabajo. Así que hice lo que siempre hacía: fui a buscar al "viejo", ¡y le pedí que dirigiera el espectáculo! Ahora las lágrimas corrían por *su* rostro y yo tuve mi propio capataz; ¡qué bueno para mí, qué malo para los contratistas y trabajadores! Si no estaba perfecto el trabajo, él los hacía comenzar de nuevo. Era su peor pesadilla y, cuando amenazaron con renunciar, yo simplemente les recordé quién firmaba los cheques y que el "viejo" se encargaba de los despidos. Todos empezaron a trabajar duro, rápido y con cortesía, hasta que se firmó el último cheque.

Pero mis problemas todavía no terminaban. Un buen día, el dinero se acabó y también los trabajadores, y sólo tres cuartas partes de la casa estaban terminadas. Una noche, después de que el último trabajador se fuera, me fui a la cama de mi nueva casa sin terminar. Los niños ya llevaban horas durmiendo y mi esposa había caído agotada de cansancio. Yo permanecí despierto, mirando al techo y pensando: "¡Qué demonios voy a hacer ahora, sin dinero y sin destreza!" No dormí en toda la noche. Al día siguiente, a las siete en punto de la mañana, escuché que un automóvil venía por el camino de grava rumbo a mi casa, que estaba en una calle cerrada, y vi los faros del auto iluminando la ventana de mi recámara. Salté de la cama como un chiquillo en una mañana de Navidad, bajé corriendo los tres pisos en pijama y abrí de par en par la puerta del sótano. Allí estaba mi padre, en persona, con su gorra de béisbol en la cabeza y todas las herramientas, palas y picos que pudo meter en su automóvil nuevo, el que por fin era su propio automóvil nuevo. Al estar ahí descalzo y en pijama, sólo me miró y me dijo:

—Eh, muchacho, ¿todavía estás en la cama? ¡La mitad del día se ha ido y tenemos mucho trabajo que hacer!

Con un nudo en la garganta y lágrimas en los ojos, me quedé sin habla. Nunca estuve tan contento o me sentí tan aliviado de ver al "viejo". Ahora sabía que todo iba a estar bien. ¿Y por qué no iba a estarlo? ¡Papá siempre estuvo allí cuando lo necesité!

Cinco años después, mi nueva casa estuvo completamente terminada por dentro y por fuera, los tres pisos y todo terminado hasta el último detalle. Y mi padre no dejó de ir a trabajar ni un solo día a mi casa en cinco años. El "viejo" es el hombre más terco, persistente y amoroso que he conocido. Espero que viva para siempre, pero si no es así, sabré dónde encontrarlo. Estará arreglando las puertas doradas en el cielo.

Tom Suriano

De regreso a casa

Hace 28 años di a luz a un hijo. Yo tenía 18 años y mi novio 22. Acababa de salir de la secundaria, no tenía trabajo y mi novio trabajaba por un sueldo mínimo. En ese tiempo, mi familia estaba lidiando con algunos problemas personales y no quise ser una carga con mi embarazo inesperado. Lo más importante: quería que el bebé creciera en un buen hogar, con dos padres que se ocuparan de él y le dieran todo lo necesario. Así que tomé la difícil decisión de tener al bebé por mi cuenta y luego darlo en adopción.

Decidí inventar un pequeño argumento con mi madre y así tener una buena excusa para mudarme. Ella pensó simplemente que yo estaba afirmando mi independencia, pero en realidad yo estaba muy unida a mi familia y me fue muy difícil dejarlos. Tenía una hermana mayor que estaba casada y tenía cuatro hijos, y una hermana menor que tenía 16 años. Las extrañaba mucho. Después de que me mudé hablaba con mi familia por teléfono, pero siempre me las arreglaba para evitar verlos cuando llegaban las reuniones o fiestas familiares.

El 24 de febrero de 1966 di a luz a un niño. Nunca me

permitieron verlo y pasé tres días hablando con el capellán, asegurándome de que hacía lo correcto. Me convenció de que la adopción era lo mejor para el bebé, así que renuncié a mi hijo, rezando para que obtuviera unos padres maravillosos que se ocuparan de él. Lloré todos los días durante semanas y no podía sacarlo de mi mente y mi corazón. Rezaba por él todo el tiempo.

En septiembre de 1966, su padre y yo nos casamos. Tuvimos dos hijos, Robert y Gary. Fuimos verdaderamente bendecidos, pero algo faltaba en nuestras vidas y en nuestro matrimonio. En 1971, mi esposo y yo empezamos a tener problemas maritales y nos separamos. Después de todo lo que habíamos pasado, me sentí devastada. Además, en ese tiempo, estaba embarazada de nuestro tercer hijo, Stephen.

En 1972, encontré a Jesucristo como mi Salvador. Persuadí a mi esposo de que buscáramos un consejero matrimonial y él también fue guiado hacia el Señor. Reconstruimos nuestro matrimonio y fue más sólido que nunca. Continué rezando todos los días por el hijo que nunca había conocido y pidiendo a Dios que lo trajera a casa con nosotros algún día, si ése era su deseo.

Hace ocho años, cuando estaba cazando, mi esposo fue alcanzado por un rayo. Estuvo muy cerca de la muerte, pero el Señor lo salvó y lo trajo de regreso con su familia. Después, él decía con frecuencia:

—Hay algo más que no he hecho aún en mi vida con el Señor.

En abril de 1994, mi esposo y yo platicábamos una mañana cuando me dijo:

—Linda, él está en la edad en la que comenzará a buscarnos.

Sólo una semana antes, yo había estado pensando lo mismo y estaba sorprendida de que mi esposo hubiera tenido los mismos pensamientos. Él y yo nunca hablábamos de nuestro primer hijo. Emocionalmente, era demasiado duro para mí. Mi esposo había querido buscarlo algunas veces, pero después de discutirlo decidimos que sería injusto aparecer después de tantos años y decir: "Aquí estamos".

El 1 de mayo de 1994, a las 9:30 de la mañana, sonó el timbre de la casa. Stephen abrió la puerta y un hombre joven, acompañado por una chica, pidió hablar conmigo. Me dirigí a la puerta y ahí estaba un hombre alto, moreno y bien parecido, que tenía los ojos de la familia. Sentí brincar mi corazón dentro del pecho mientras pensaba: "¿Podría ser mi hijo?" Una voz interna me respondió inmediatamente: "No seas estúpida. Haz deseado eso durante mucho tiempo". En cambio, le pregunté:

—¿Puedo ayudarlo?

Me dijo que quería hablarme sobre un asunto personal y yo le pregunté:

—¿Qué asunto? —Mi esposo no estaba en casa, y yo todavía estaba en camisón.

—Me gustaría hablar con usted a solas afuera — contestó— y puedo esperar hasta que se vista.

Mi corazón latía fuertemente mientras me cambiaba de ropa y salía a encontrarme con un joven que también temblaba. Dije:

—¿De qué se trata?

Respiró profundamente y me contestó:

—Hace 28 años fui adoptado.

Empecé a llorar, lo abracé y no pude decir más que "¡Dios mío!" unas 50 veces.

—¿Estás sano? —le pregunté—. ¿Has sido feliz? ¿Tuviste buenos padres?

No podía creer que el día por el que había rezado todos estos años hubiera llegado. Estaba temblando y podía sentir la presencia del Señor. Era como si estuviera en medio de nosotros diciendo: "Pide y recibirás".

—Me casé con tu padre y hemos estado juntos durante 27 años. Tienes tres hermanos.

Él preguntó:

—¿Era mi hermano el que abrió la puerta?

—Era tu hermano menor, Stephen.

Decidí que tenía que contarle la historia a Stephen inmediatamente, así que le pedí que saliera un minuto. Cuando le dije quién era ese joven, Stephen sólo contestó: "No". No lo creía.

Entonces Robert extendió la mano y le dijo:

—Stephen, soy Robert, tu hermano.

Luego Stephen nos comentó que lo había sabido inmediatamente. Había sentido amor por Robert al instante, como si lo hubiera conocido toda su vida. Llamamos a los otros dos chicos y vinieron a la casa. Todos estaban perturbados.

Cuando mi esposo regresó a casa de la escuela dominical pocas horas después, se preguntó por qué todos los automóviles estaban estacionados afuera. Salí a encontrarlo y le dije:

—Bob, tenemos un visitante. Alguien que hemos esperado 28 años para conocer: ¡nuestro hijo!

Cuando Bob entró en la casa, Robert se levantó y le dio la mano. Pero Bob lo jaló para abrazarlo y comenzó a llorar.

Linda Vlcek

4

SOBRE LA FE

Una vida de fe...nos permite ver a Dios en todo y nos mantiene la mente en estado de alerta para lo que pueda ser su voluntad.

Fançois Fenelon

Todo lo que he visto me permite confiar en el Creador por todo lo que no he visto.

Ralph Waldo Emerson

Espera un milagro

Porque con Dios nada será imposible.

Lucas 1:37

A donde quiera que voy, llevo una pequeña piedra gris. Está en mi bolsa todo el día y la meto debajo de mi almohada cada noche. Y en ella están escritas tres simples palabras: *Espera un milagro*. Yo esperé uno y, contra todas las probabilidades, eso fue exactamente lo que recibí.

Hace un año, cuando empecé a sufrir de inflamación y dolores en la pelvis y en la parte baja del abdomen, pensé que se trataba de los efectos colaterales del estrógeno que estaba tomando para la menopausia. Pero un día, mientras iba en el auto camino a casa, los dolores aumentaron tanto que por poco me estrello.

"¡Esto no puede ser normal!", pensé con temor. Soy enfermera, así que corrí a mis libros médicos tan pronto como llegué a casa. Como si algo me hubiera guiado, tomé uno de la repisa y lo abrí directamente en la página relativa al cáncer ovárico. Un escalofrío recorrió mi espina al leer los síntomas: inflamación, dolor, ganas de orinar frecuentemente... Yo los tenía todos.

—Tenemos que hacer algunas pruebas —dijo mi doctor después de examinarme—. Pero podría ser cáncer ovárico. Al regresar a casa, me sentí tan asustada que apenas si podía respirar. Y cuando entré por la puerta, Rich, mi esposo, me echó un vistazo y me abrazó con fuerza.

—Sólo necesitamos rezar —me dijo.

Pero los resultados de mis análisis fueron aterradores: tenía un gran tumor y una prueba de sangre para diagnosticar la presencia de cáncer ovárico arrojó 462 cuando lo normal es 30. "¡Voy a morir!", sollocé.

Esa noche, me esforcé por permanecer calmada mientras decía a nuestras dos hijas adolescentes que tenía cáncer. Pero cuando vi el miedo en sus ojos, mi corazón casi se rompe en dos. Así que no las agobiaría con mi temor; dije que tenía que ir rápido a la tienda y me refugié en mi automóvil, con lágrimas en las mejillas.

En mi mente, me imaginaba todos los rostros que amaba: Rich, las niñas, nuestros otros cinco hijos de anteriores matrimonios, padres, amigos...

"Oh, Dios, por favor no tomes mi vida —suplicaba—. *Todavía tengo mucho por qué vivir."*

—No hagas esto sola —me dijo mi sacerdote cuando lloré con él—. Deja que otros te ayuden. Y al día siguiente, todos los rostros que me había imaginado la noche anterior, estaban en mi casa, rodeándome con su amor.

Ese amor me acompañó a través de una cirugía para extirpar el tumor, junto con mis ovarios y las trompas de Falopio. Pero yo aún no estaba fuera de peligro.

—Todavía tiene quince por ciento de probabilidades de lograrlo —me dijo un doctor. Su única esperanza es la quimioterapia.

Medio loca de miedo, comencé a hacer frenéticos convenios: "Si me curas, Dios, seré mejor esposa, mejor mamá, mejor persona. Simplemente dame una segunda oportunidad".

Tuve seis tratamientos de quimioterapia, uno cada tres semanas. Algunas veces pensé que no iba a sobrevivir a ellos; me hacían sentir muy débil y enferma. Pero cuando más necesitaba de un impulso, un amigo se aparecía con comida o llegaba para llevarse a las niñas. ¡Los amigos hasta organizaron colectas de fondos para ayudarnos a pagar las cuentas médicas!

Motivada con tanto amor, sabía que debía a los demás y a mí misma ser optimista. Así que leí libros sobre cómo sanar y escuché cintas que me ayudaron a visualizar la mejoría. "No voy a rendirme", pensé.

Rich era mi fuerza cada vez que me sentía asustada; rezaba conmigo y me apoyaba. Mis hijas también mantuvieron una actitud positiva. Lindsay, de 14, y Sarah, de 16, se negaron a creer que yo moriría.

—Vas a estar bien, mamá —me decían.

Pero después de mi último tratamiento tuve que enfrentar la terrible realidad. Los doctores iban a hacerme 100 biopsias, una en cada lugar al que ellos temían que el cáncer podía haberse diseminado.

—Para ser francos, no esperamos encontrarla completamente curada —me advirtieron. Y si la quimioterapia no había destruido las células cancerosas, mis oportunidades de supervivencia eran pocas.

Pude sentir el terror en cada fibra de mi ser. "No puedo rendirme ahora", pensé furiosamente. Así que antes de irme al hospital, abrí el cajón donde guardaba un amuleto de la buena suerte que me había dado un amigo, una pequeña piedra pintada a mano. "Espera un milagro", leí; luego metí la piedra en mi bolsa.

La piedra todavía estaba allí al día siguiente, cuando abrí los ojos después de la cirugía, y encontré a una hermosa mujer con cabello oscuro y un vestido blanco, inclinada sobre mi cama.

"Debe ser una enfermera", pensé. Pero no llevaba píldoras en la mano ni un aparato para tomar la presión. En cambio, me miraba bondadosamente y me preguntó:

—¿Eres tú la que está esperando un milagro?

Confundida, balbuceé: "Sí". Pero, ¿cómo lo sabía? Entonces, antes de que la pregunta saliera de mis labios, ella había desaparecido.

A la mañana siguiente, la mujer de blanco estaba otra vez junto a mí. En su mano había una placa en la que se leía: "Los milagros suceden todos los días".

—¿Es esto lo que estás buscando? —me preguntó dulcemente.

Las lágrimas brotaron de mis ojos, pero antes de que pudiera decir una palabra, una vez más se había marchado. Cuando miré la placa que me había dado, sentí una sensación de agradable cosquilleo por todo el cuerpo...

—Dawn —me dijo Rich mientras yo abría los ojos atontada—, los resultados de las biopsias están aquí. ¡Fueron negativos todos y cada uno de ellos!

Nunca sabré si la mujer era una enfermera o un ángel. Pero eso no importa. Vino para hacerme saber que las esperanzas nunca son necias y que las plegarias nunca están de más.

Hoy tengo 49 años y no padezco de cáncer. Y cada vez que abrazo a mis hijas, comparto un momento de paz con Rich, o sólo miro las hojas de otoño deslizarse por la banqueta, recuerdo una vez más que cada nuevo día es una bendición, una nueva oportunidad para esperar un milagro.

Dawn Stobbe
Según relato a Meg Lundstrom
extraído de la revista Woman's World

Libertad perfecta

Como alguien que ha cumplido sentencia en prisiones, y que desde entonces ha permanecido la mayor parte de su vida trabajando en ellas, nunca olvidaré la prisión más insólita que he visitado.

Llamada Prisión Humaita, está en São Jose dos Campos, en Brasil. Fue anteriormente una prisión gubernamental y ahora es administrada por la Fundación de Correccionales en Brasil, como una alternativa, sin guardias armados o seguridad de avanzada tecnología. En cambio, se maneja con los principios cristianos de amor a Dios y respeto a los hombres.

Humaita sólo tiene dos trabajadores de tiempo completo; el resto del trabajo lo realizan los 730 internos que cumplen sentencia por diversos delitos, desde asesinato y asalto hasta robo y crímenes relacionados con narcóticos. A cada hombre se le asigna otro interno por quien es responsable. Además, cada prisionero tiene un mentor voluntario externo, que trabaja con él durante su sentencia y después de ser puesto en libertad. Los presos toman clases de desarrollo de la personalidad y se les fomenta a participar en programas educativos y religiosos.

Cuando visité esta prisión, me di cuenta de que los internos sonreían, en especial el asesino que tenía las llaves, quien abrió las puertas y me dejó entrar. A dondequiera que iba, veía hombres en paz. Observé dependencias muy limpias. Me percaté de que las personas trabajaban industriosamente. Las paredes estaban decoradas con frases alentadoras y de la Biblia.

Humaita tiene un registro asombroso: su tasa de reincidencia es del cuatro por ciento, contra el 75 por ciento en el resto de Brasil. ¿Cómo es esto posible?

Conocí la respuesta cuando mi interno guía me escoltó a una famosa celda, que una vez se usó como de castigo.

—Hoy —me contó— siempre aloja al mismo interno.

Llegamos al final del largo corredor de concreto y él metió la llave en la cerradura; hizo una pausa y me preguntó:

—¿Está seguro de que quiere entrar?

—Por supuesto —repliqué impaciente—. He estado en calabozos por todo el mundo.

Despacio abrió la gran puerta, y vi al prisionero que habitaba la celda: un crucifijo bellamente tallado. Era Jesús, colgado de la cruz.

—Está cumpliendo una condena por todos nosotros —dijo mi guía en voz baja.

Charles W. Colson

Díselo al mundo en mi nombre

*Nosotros somos capaces de amar porque Dios
nos amó primero.*

1 Juan 4:19

Hace unos 14 años, estaba revisando la nómina de
estudiantes universitarios para la sesión de apertura del
curso sobre teología de la fe. Ése fue el primer día que vi a
Tommy. Estaba peinando su largo cabello rubio, que le
colgaba 15 centímetros por debajo de los hombros. Sé que
lo que está dentro de la cabeza, no sobre ella, es lo que
cuenta; pero en ese tiempo yo no estaba preparado para
Tommy, así que lo etiqueté como extraño, muy extraño.

Tommy resultó ser el ateo residente de mi curso.
Constantemente objetaba o se burlaba de la posibilidad
de un dios que amaba incondicionalmente. Vivimos en
una paz relativa durante un semestre, aunque a veces él
era un dolor de cabeza. Al final del curso, cuando entregó
su examen, me preguntó en un tono un poco cínico:

—¿Cree usted que encontraré a Dios alguna vez?

Me decidí por un poco de terapia de choque.

—¡No! —dije enfáticamente.

—Ah —respondió—. Pensé que ése era el producto que estaba usted vendiendo.

Lo dejé dar cinco pasos hacia la puerta y luego lo llamé.

—¡Tommy! ¡No creo que lo encuentres nunca, pero estoy seguro de que Él te encontrará a ti!

Tommy simplemente se encogió de hombros y se fue. Me sentí un poco desilusionado de que no hubiera captado mi hábil mensaje.

Después escuché que Tom se había graduado y me sentí debidamente agradecido. Luego me llegó un informe triste: Tommy tenía cáncer terminal. Antes de que yo pudiera buscarlo, él vino a mí. Cuando entró en mi oficina, su cuerpo estaba muy deteriorado y su largo cabello se había caído a causa de la quimioterapia. Pero sus ojos eran brillantes y su voz firme, por primera vez en mucho tiempo.

—Tommy, he pensado mucho en ti. Supe que estás enfermo —le dije.

—Sí, muy enfermo. Tengo cáncer. Es cuestión de semanas.

—¿Puedes hablar de ello?

—Seguro, ¿qué le gustaría saber?

—¿Qué se siente tener 24 años y saber que te estás muriendo?

—¡Bueno, podría ser peor!

—¿Como qué?

—Bueno, como tener 50 años y no tener valores o ideales. Como tener 50 años y pensar que beber, seducir mujeres y hacer dinero son las cosas más importantes en la vida... Pero vine a verlo realmente por algo que me dijo el último día de clase. Le pregunté si usted pensaba que alguna vez encontraría a Dios y usted me dijo que no, lo cual me sorprendió. Luego me dijo: "Pero Él te encontrará a ti". Pensé mucho en eso, aunque mi búsqueda no fue para nada intensa en aquel entonces. Pero cuando los doctores me quitaron un bulto de la ingle y me dijeron que era maligno, tomé muy en serio localizar a Dios. Y cuando la malignidad se diseminó a mis órganos vitales, comencé realmente a golpear las puertas del cielo. Pero nada sucedió. Bien, un día me desperté y, en lugar de lanzar más peticiones inútiles a un dios que puede o no existir, simplemente me di por vencido. No me importaba Dios ni la otra vida ni nada por el estilo.

Decidí pasar el tiempo que me queda haciendo algo más lucrativo. Pensé en usted y en algo que había dicho en una de sus conferencias:

"La tristeza esencial es ir por la vida sin amar. Pero sería igualmente triste dejar este mundo sin decirle a los que amas que los has amado". Así que empecé con el más difícil de todos: mi padre.

Estaba leyendo el periódico cuando me acerqué.

—Papá, me gustaría hablar contigo.

—Bien, habla —contestó.

—Quiero decir que esto es importante, papá.

Bajó su periódico lentamente como unos 10 centímetros.

—¿De qué se trata? —preguntó.

—Papá, te quiero. Simplemente quería que lo supieras.

Tom sonrió y dijo con evidente satisfacción, como si sintiera que una alegría cálida y secreta surgiera dentro de él:

—El periódico cayó al piso. Entonces, mi padre hizo dos cosas que no recordaba que hubiera hecho antes. Lloró y me abrazó. Y hablamos toda la noche, aunque él tenía que trabajar al día siguiente.

Fue más fácil con mi mamá y mi hermanito. También lloraron conmigo y nos abrazamos y compartimos cosas que habíamos guardado en secreto por muchos años. Sólo sentí haber esperado tanto tiempo. Aquí estaba yo, a la sombra de la muerte, y apenas comenzaba a sincerarme con las personas que estaban cerca de mí.

De pronto, un día Dios ya estaba allí. No vino a mí cuando se lo supliqué. Aparentemente, Dios hace las cosas a su manera y en su momento. Lo importante es que usted tenía razón. Él me encontró aunque yo había dejado de buscarlo.

—Tommy —balbuceé—, creo que estás diciendo algo mucho más profundo de lo que piensas. Estás diciendo que la manera más segura de encontrar a Dios no es convertirlo en una propiedad privada, o en un consuelo instantáneo en tiempos de necesidad, sino abriéndose al amor... Tom, ¿podrías hacerme un favor? ¿Vendrías a mi clase de teología de la fe a decir a mis estudiantes lo que me acabas de contar?

Aunque programamos una fecha, no pudo lograrlo. Por supuesto, su vida no terminó realmente con su muerte, sólo cambió. Dio el gran paso de la fe a la visión. Encontró una vida mucho más hermosa de lo que el ojo humano ha visto nunca, o la mente de los mortales ha imaginado jamás.

Antes de que muriera, hablamos por última vez:

—No voy a poder ir a su clase —me dijo.

—Lo sé, Tom.

—¿Se lo dirá usted por mí? ¿Se lo dirá... a todo el mundo por mí?

—Lo haré, Tom. Se lo diré.

John Powell

Gracias, señorita Evridge

Posiblemente la han visto. Puede ser un miembro de su iglesia, una solista del coro. Es posible que esté en las misiones. Durante 10 años tuvo una profunda influencia en mi vida. Después desapareció.

Si la conocen, díganle que le mando mi agradecimiento. Gracias. Esa palabra parece insuficiente para alguien que ha contribuido tanto a moldear mi carácter y a construir mi futuro. Pero me gustaría, de algún modo, expresar mi gratitud.

Le escribiría una carta o tomaría el teléfono para darle las gracias de una forma más personal, si pudiera. Hace algunos años me envió la invitación a su boda, pero la perdí. Y al hacerlo, también perdí mi único contacto con ella. Sé que tiene un nuevo nombre ahora, pero para mí siempre será la señorita Evridge.

Pasar a la escuela secundaria fue una de las experiencias más aterradoras de mi vida. Había oído las historias de terror sobre alumnos de noveno grado que acechaban en las sombras para atrapar alumnos de séptimo y quitarles los pantalones. Había escuchado que el subdirector tenía una paleta de uno veinte de largo y que los profesores odiaban a los muchachos como yo. Las historias fueron ciertas en casi todos los detalles, pero estaban equivocadas en lo referente a la señorita Evridge. Ella se preocupaba. Ninguno de los otros profesores me había notado siquiera, pero ella lo hizo. Yo era un niño bajito, tímido y gordo. En aquellos días, yo era uno de los pocos muchachos cuyo papá no vivía en casa. Éramos pobres y esa pobreza caló profundamente mi corazón, haciéndome sentir inservible.

Al principio, le temía a la señorita Evridge.

Tenía buenas razones para ello. Era alta. Cuando se peinaba con moño, debe haber agregado otros 15 centímetros a su estatura. Parecía un gigante.

Era estricta. Hablar en clase no estaba permitido y ella lanzaba una mirada helada a cualquiera que se atreviera a hacerlo. Se negaba a hacer concesiones en las reglas de puntualidad.

"Si la parte de abajo de tu anatomía no está yuxtapuesta al grano fino de la madera en el respaldo de la silla cuando empiece, repito, cuando empiece a sonar el timbre de la escuela —hacía una pausa para dar un toque dramático), entonces estás atrasado".

¡Caray! Nosotros ni siquiera sabíamos lo que quería decir yuxtapuesta, pero nos dábamos cuenta de que teníamos que estar en nuestras sillas antes de que sonara el timbre, o nos convertiríamos en el blanco de la paleta del subdirector.

Durante la segunda semana de clases, corrí hacia el salón justo cuando sonó la campana. No fue mi culpa. Algunos muchachos grandes no me dejaron pasar a mi armario a buscar un libro. Pero la señorita Evridge me hizo un reporte de impuntualidad. Eso me convenció de que era el ogro que todo el mundo decía.

Otra razón por la que temía a la señorita Evridge era su lenguaje. Ningún profesor nos había llamado granujas antes.

—Granujas, los colgaré de las orejas en el ventilador del techo y lo haré girar tan fuerte hasta que la sangre les llegue a los pies y se les revienten los dedos.

Eso sonaba al principio como una especie de tortura, pero no me tomó mucho tiempo darme cuenta de que era una gran comediante.

Mi temor se convirtió en fascinación. Sus clases eran divertidas. Tenía un juego para cada pieza de oratoria, una actividad para cada diagrama. Ningún otro profesor tuvo una rueda giratoria con preguntas y premios. En ninguna otra clase se nos permitía reír y aprender al mismo tiempo. Nos condujo a la victoria sobre los verbos y a la conquista de las conjunciones. Aprendimos a mantenernos firmes contra la temida preposición.

La señorita Evridge era diferente en otra forma. Era maestra cristiana en una escuela pública y no tenía miedo de que lo supiéramos.

Un estudiante, con mirada desafiante, le lanzó una pregunta:

—¿Qué piensa usted de los judíos?

—Amo a los judíos —contestó ella serenamente—. Mi Salvador fue judío.

Habiendo confiado en Jesús un año antes, estaba deseoso de decirle que yo también era cristiano.

Acercándome a su escritorio, susurré:

—Jesús también es mi Salvador.

—Ya lo sé —me dijo, dándolo por hecho.

—¿Cómo lo supo?

—Me doy cuenta simplemente —ella sonrió.

Quizás fue nuestra fe en común lo que afianzó nuestra relación. La señorita Evridge amaba a todos sus estudiantes, pero yo sentía que tenía un especial interés en mí. Nadie había mostrado ningún interés en el niño rechoncho, demasiado tímido para decir algo, pero la señorita Evridge lo hizo.

—Joe, tengo un concurso de oratoria en el que quiero que participes —me informó un día.

¿Por qué demonios me retaría a tomar parte en un concurso de oratoria? Yo era demasiado tímido. Pero ella me engatusó y me entrenó. Me empujó más allá de mis límites. ¡Gané! Al año siguiente volví a ganar. Al tercer año, mi mejor amigo, León, me venció. La señorita Evridge me consoló, pero también me previno contra el orgullo.

—El orgullo hizo que Lucifer fuera expulsado del cielo —me aconsejó—. Joe, Dios quizá desee usar tus habilidades de oratoria algún día. Quizá te llamará para que seas un predicador, pero no podrá usarte si el orgullo se interpone.

—No, gracias. No quiero ser un predicador —insistí—. Quiero ser un científico.

—¿Qué clase de científico?

—Todavía no lo sé. Pero estoy decidido. Eso es lo que seré algún día.

Sonrió. Yo la odiaba cuando sonreía de esa manera, porque parecía que sabía algo que yo no conocía. Me alentó en mis estudios científicos, pero sutilmente me recordaba que Dios podía tener otras ideas.

Dios, desde luego, tuvo otras ideas. He sido pastor durante los últimos 17 años. También dirijo el ministerio de oficios religiosos de la iglesia en un colegio evangélico, en el que intento preparar a otros hombres jóvenes para un ministerio en oratoria. Me gustaría poder decirle eso.

La extraño por muchas razones. Me acuerdo de cómo convirtió mis tres años en la escuela secundaria en una experiencia de aprendizaje maravillosa. Cuando me gradué, también ella se fue de la escuela para seguir estudios de doctorado en otra ciudad. Pensé que no volvería a verla.

Qué sorpresa cuando una mañana entró en la tienda de abarrotes en la que trabajaba y convenció a mi jefe de dejarme salir con ella a almorzar. Probablemente le dijo que iba a suspenderlo de por vida si decía que no. No recuerdo qué comimos, pero sí que el alimento espiritual que compartimos nutrió mi alma.

No pudo venir a mi graduación de secundaria a causa de su trabajo de postgrado, pero me escribió felicitándome. El día antes de marcharme al colegio evangélico, salió de nuevo conmigo y me recordó que Dios me utilizaría, si yo permanecía como una embarcación limpia. Tres años más tarde, estuvo allí para mi boda.

Luego perdimos contacto. Iba a casarse. Su nuevo domicilio estaba en la invitación, pero la perdí. ¡Cómo he lamentado eso! Pero todavía tengo una parte de ella conmigo: un pedazo de papel amarillento y arrugado, con un poema suyo. Era una nota de aliento cuando no pude ganar el "premio al estudiante servicial" en la graduación de noveno grado:

Si no obtienes un premio cuando piensas realmente que lo mereces, no te desilusiones: Dios sabe qué tan bueno eres.

No siempre es la mejor persona a quien se honra, porque la gente da los premios y no sabe muchas cosas.

Así que cuando fracases o pienses que has tenido una gran pérdida, recuerda: nuestro Salvador era perfecto y su recompensa fue una cruz. Y recuerda, mi amigo, al viajar por la vida con toda su cizaña y su pecado, que mientras complazcas a Cristo, ¡siempre habrás ganado!

Quisiera encontrarme con ella en esta tierra nuevamente, antes de hacerlo en el cielo. Simplemente, quiero que sepa que los años en que fue mi maestra de secundaria no fueron en vano. Tocó mi vida y me moldeó para ser más útil al reino de Dios. Así que con todo mi corazón tengo que decir:

—Gracias, señorita Evridge, donde quiera que esté.

Joseph E. Falkner

Recuerdo de un soldado de infantería

*Así también ustedes están tristes ahora; pero yo
los veré otra vez y su corazón se alegrará, y
nadie les quitará ya su alegría.*

Juan 16:22

No pienso mucho en la Segunda Guerra Mundial ahora,
a pesar de que este año marca el paso de más de 50 años
desde que ésta llegó a su fin. Sólo me consuela saber que
tuve una pequeña participación en ese resultado.

Algunas veces los sucesos del pasado son reducidos a la
insignificancia por personas que nacieron después que
sucedieron, o engrandecidos más allá de toda lógica por
las reminiscencias nostálgicas de otros. Aun así, de vez en
cuando puedo escuchar de nuevo aquel grito en el
bosque, en la cordillera sobre el pueblo de Hitchenback en
el Valle del Ruhr...

Nuestra unidad había marchado todo el día y
anhelábamos un descanso, cuando llegó la orden: pronto
tomaríamos parte en nuestro primer ataque nocturno a
gran escala. Debíamos esperar en el bosque sobre la aldea,
mientras nuestra artillería y apoyo aéreo bombardeaban

el pueblo. Entonces deberíamos atacar y tomar el pueblo. Al atardecer tomamos nuestras posiciones. Al principio, hacíamos caso omiso al silbido de las bombas que nos pasaban por encima. Pero gradualmente el fragor del combate se acercaba más y más a las copas de los pinos en los que aguardábamos, hasta que sólo hubo una fracción de segundo entre el sonido silbante y la explosión.

Luego, no hubo ningún intervalo en absoluto y nos encontramos bajo el peor bombardeo aliado: grandes explosiones arrojaban pedazos de acero, causando una gran destrucción. Nadie estaba de pie ni sentado en ese momento: ¡era hora de excavar un agujero en la tierra y esconderse! Yo cavé al pie de un gran árbol, lanzando hojas de pino a mi alrededor. Las explosiones se hicieron tan intensas que los estallidos individuales se fundieron en ensordecedores estruendos de total devastación. Y recé: *Oh, Dios, por favor, por favor haz que se detenga. Por favor, Dios...*

Entonces, repentinamente, hubo un silencio terrible. Había terminado, pero nadie hablaba y los cuerpos empezaron a levantarse como fantasmas en un cementerio. Finalmente, se escucharon gritos de auxilio por diferentes partes de la colina:

—¡Un médico, aquí! ¡Apresúrese!

—¡Ayúdeme, un médico!

Entonces escuché, entre los diseminados gemidos de ayuda, el grito que ha permanecido conmigo todos estos años. Era la voz de P.F.C. Marks, un fusilero del tercer pelotón. Como muchos de nosotros en el pelotón 86, Walter Marks se había inscrito para ir a la universidad, cuando la guerra se lo impidió. Lo recuerdo como una persona sonriente, con la mirada traviesa de un muchacho, siempre a punto de lanzar una ingeniosa broma.

Su voz viajó a través del bosque, con una resonancia

especial que trascendió los gritos de ayuda y los sonidos de batalla.

Una palabra, dicha sólo una vez: "¡Mamá!"

Curioso, pensé. La voz carecía del inconfundible sonido del dolor; tampoco mostraba indicios de desesperación o de pena. Era más como un saludo.

Cuando finalmente estábamos marchando para tomar el pueblo, vi al médico de la compañía.

—¿Viste a Marks allá?

—Sí.

—¿Herido?

—No, muerto.

—Pero lo oí gritar.

—Yo también, pero no sé cómo.

Y seguimos cumpliendo con nuestras labores.

"Si hubiera conocido mejor a Marks", pensé, "trataría de encontrar a su madre cuando esta guerra terminara, y le comentaría que ella había sido lo último que había estado en el corazón de su hijo cuando murió." Pero no conocía ni siquiera su nombre de pila, y como sucede a menudo, era incapaz de continuar lidiando con el fantasma de la muerte conscientemente, así que bloqueé los detalles en todo, menos en mis peores pesadillas.

Algunos de los compañeros de la antigua Compañía K nos reunimos recientemente, para celebrar el aniversario de oro de nuestra supervivencia. Uno de ellos había sido amigo íntimo de Marks. Le pregunté sobre los últimos momentos de nuestro compañero caído y si había escuchado ese llamado. Lo había hecho.

—Debe haber visto a su madre en su imaginación y la llamó —sugerí.

—Sabes, frecuentemente me lo he preguntado —contestó el amigo—, ya que Walter nunca conoció a su madre. No la vio ni siquiera una vez.

—¿Cómo es eso?

—Ella murió en el parto el día que lo trajo al mundo.

Austin Goodrich

El ministro bautista

El corazón tiene razones que la razón no puede comprender.

Blaise Pascal

Tengo un primo que es ministro bautista. En el transcurso de nuestra niñez, sólo nos veíamos un par de veces al año. Ahora, nos vemos menos aún.

Hace algunos años, luego de mucho tiempo sin vernos, de pronto empecé a pensar en él y en su familia. Simplemente no podía quitármelos de la mente. Y por alguna razón, me sentía obligada a enviarle un cheque por $100. Lo pensé durante varios días e hice varios viajes inconclusos a la oficina de correos. Finalmente lo envié con una carta diciendo que esperaba no haberlo ofendido, pero que creía que el Señor quería que hiciera eso.

Un par de semanas después recibí contestación. Mi primo me decía que nunca dejaba de asombrarle cómo obraba Dios en su vida. Y ahora Dios le había mostrado nuevamente, a través de nosotros, que siempre nos ayudaría en la necesidad. Mi primo dijo que lo único que

le preocupaba era que había enviado demasiado dinero.
Todo lo que necesitaba eran $97.56.

Lalia Winsett

Fe

La fe consiste en creer en lo que no podemos ver y la recompensa de la fe es poder llegar a ver lo que creemos.

San Agustín

Los campos se secaron y se achicharraron por la falta de lluvia, y las cosechas se marchitaban de sed. La gente estaba ansiosa e irritable, mientras buscaba en el cielo alguna señal de alivio. Los días se volvieron áridas semanas. La lluvia no llegaba.

Los ministros de las iglesias locales convocaron a una hora de oración en la plaza del pueblo, para el siguiente sábado. Pidieron que todos trajeran un objeto de fe para inspirarse.

Ese sábado al mediodía, la gente del pueblo respondió en masa, llenando la plaza con caras ansiosas y corazones llenos de esperanza. Los ministros se conmovieron al ver la variedad de objetos que los concurrentes traían entre sus piadosas manos: libros sagrados, cruces, rosarios.

Cuando la hora terminó, como si se tratara de un mandato mágico, una suave lluvia comenzó a caer. Las

felicitaciones se extendieron entre la multitud, mientras
sostenían en alto sus atesorados objetos con gratitud y
alabanza. En el centro de la manifestación, un símbolo de
fe pareció ensombrecer a los demás: un niño de nueve
años había llevado una sombrilla.

Laverne W. Hall

El lugar del sacrificio

*Ésta es la confianza que tenemos en Dios: que
si pedimos conforme a su voluntad, él nos
escucha...*

1 Juan 5:14 NIV

¡*El cristianismo es una farsa!* Me encolericé silenciosamente.
Inclinada sobre la cunita de mi pequeña niña, miré a mi
extenuado bebé dormir. Mi preciosa hijita, Kim, cuyo
cabello brillaba como oro a la luz del sol y sus ojos azules
rivalizaban con el cielo. Con lágrimas corriendo por mi
rostro, estaba sumida en ese miedo especial y ese terror
que sólo una madre conoce cuando su hijo está en peligro.

Al principio, una oleada abrumadora de sobre-
protección inundó todo mi ser; luego la ira me golpeó, en
una marejada implacable. Kim y yo estábamos atrapadas,
y yo me sentía impotente. No había escape posible.

Intranquila, me dirigí a la sala. Tomando el recibo de la
visita esa mañana al doctor Rubinstein, el pediatra de
Kim, pensé: "Visitas continuas. ¿Y para qué?"

Ese día, me había enfrentado con el doctor Rubinstein y

le había pedido la verdad, con la misma fuerza que yo deseaba no escucharla.

—¿Va a morir Kim? ¡Necesito saberlo!

—No puedo contestar esa pregunta —dijo el doctor Rubinstein—. Tiene una buena posibilidad, si su organismo responde al tratamiento.

En la sala de consulta, había visto el dulce rostro de Kim distorsionado por el dolor. Su angustia me partía el corazón. Sostuve a mi pequeña, que lloraba, y me enfrenté con el doctor.

—¡Sí, sí! Eso es todo lo que he escuchado por 16 meses. Kim ha tenido que soportar estas dolorosas inyecciones cada dos semanas, desde que nació. Puede ver cómo grita y llora. ¿Y todo lo que puede decirme es: "sí"?

Comprendiendo toda la tensión y el miedo que había detrás de mi exabrupto, el doctor no se ofendió.

—Su conteo de glóbulos blancos está más bajo que nunca —me dijo suavemente, sosteniendo el informe del laboratorio en su mano—. Las inyecciones de gammaglobulina la han ayudado a sobrevivir en su lucha contra la enfermedad, pero su cuerpo no está produciendo glóbulos blancos en cantidad suficiente. No puedo ofrecerle un milagro. Kim comenzará a producir glóbulos blancos... o quizá no lo hará.

La realidad de lo que el doctor me dijo me paralizó de temor. Sintiéndome exhausta y derrotada, le dije:

—Kim está siempre tan enferma y le dan fiebres tan altas, que me paso levantada todas las noches, durante semanas. Después, cuando parece que está mejorando, el ciclo vuelve a comenzar. ¡Y ahora usted me dice que esto no tiene un fin previsible!

—Debe enfrentar esta situación —me contestó el doctor—. No hay ninguna garantía en la vida. Dios la ha colocado en esta posición. Enfréntelo. Hágalo lo mejor que pueda.

Apenas si podía reprimir el enfado en mi voz:

—Bueno, si Dios me ha puesto aquí, también Él puede sacarme. Estoy comenzando a creer que le gusta ver sufrir a la gente, verla humillada y dependiente. ¡Creo que ya he tenido bastante con un dios así!

Cansada y aturdida, regresé a casa. Cuando escuché a Kim inquieta en su cuna, entré de puntillas para ver si estaba bien. Sumida en un sueño profundo, sollozaba suavemente mientras movía con dificultad las piernas. Las inyecciones le molestarían por unos días.

Regresé a la sala y me dejé caer sobre el sofá. Puse los pies encima y oculté mi rostro entre los brazos. Quería esconderme, para estar a salvo. Pero nuevamente, al pensar en el tormento de mi bebé, la ira y el resentimiento se agitaban en mi corazón.

Comencé a pasearme por la sala. Levanté mis puños al cielo y los agité con frustración.

¿Dónde estás, Dios? ¿Por qué eres tan frío y silencioso? ¿Señor, por qué me das piedras y no el pan que un padre amoroso daría? ¿Me has abandonado? ¿Dónde están tu paz y tu consuelo prometidos?

El silencio era mi respuesta. Me sentí burlada por Dios.

Caminaba como una muñeca de trapo; me senté sobre el sofá nuevamente y pensé en mi triste niñez, en mi tiránico y frío padre, y en mi excéntrica madre. Había tenido demasiados hermanos, muy poco dinero, muy poco amor.

Aunque la mayor parte de mi vida había asistido a la iglesia, Dios me parecía inaccesible. Pensaba en él como en el Gran Policía del Cielo, listo para castigar, pero nunca cálido y protector. Realmente, Dios se parecía mucho a mi padre.

Padres. Cada vez que pensaba en los padres, mi décimotercer cumpleaños aparecía en mi mente. Había sido muy emocionante llegar por fin a la adolescencia. Muchos de los amigos con quienes había crecido asistieron a la fiesta. Pero ese día de alegría pronto se convirtió en uno de horror. Mi padre llegó tambaleándose a mi fiesta, borracho y desaliñado. A él no le gustaba que se gastara el dinero en lo que no fuera absolutamente necesario.

—Eres estúpida y fea —mi padre se había burlado de mí, delante de todos mis amigos—. Nadie podrá amarte nunca.

Como resultado de ese trauma, me convertí en una persona solitaria, incapaz de sentir que pertenecía a alguna parte.

Regresando al presente, pensé: "Pero todo cambió cuando te encontré a ti, Señor. Me aceptaste así, tal como soy, con verrugas y todo. ¡Sentí que había regresado a casa cuando te encontré! ¿Me vas a traicionar tú también?"

Para salir de mi ensueño, fui a la cocina y comencé a lavar los platos del desayuno. ¡Qué maravilloso sentir el agua tibia correr sobre mis manos frías cuando las metí en la espuma del jabón! Mi mente comenzó a divagar. Recordé cuando Kim empezó a sentirse mal.

"No tuve miedo al principio", pensé, mientras hablaba serenamente con Dios en mi interior. "Sabía que tú podías curarla. No hay nada que no puedas hacer. Si mi bebé estaba enferma, tú la sanarías. Nada más simple, ¿no es así? Nada más simple."

Alcancé la cacerola sobre la estufa y comencé a fregarla furiosamente.

"Muy bien, Dios, ¿cuál es el trato? Sé que creo y tengo fe en ti. He rezado. Nuestra iglesia ha rezado. Los mayores han impuesto las manos sobre Kim. Hemos estudiado tu palabra, nos hemos apropiado de tus promesas y hemos esperado el momento. ¿Qué quieres? ¿Por qué no has sanado a mi bebé?"

No obtuve ninguna respuesta.

Terminé de lavar los platos, me sequé las manos. Profundamente abatida, regresé a la sala. Si mi Dios silencioso me había abandonado, ¿a quién más podía acudir?

Mis ojos se fijaron en la Biblia que estaba en la mesita de arrimo. Un versículo del Génesis 22 me vino a la mente, aturdiéndome con su impacto. Rápidamente abrí la Biblia para asegurarme de que lo había recordado correctamente. Lo había hecho. El versículo decía:

Y Dios le dijo: "Toma ahora a tu hijo, el único que tienes, Isaac, al que tanto amas, y ve a la región de Moriah; allí, lo ofrecerás en sacrificio en un monte que yo te indicaré".

Entendí entonces, con absoluta certeza, que Dios me estaba pidiendo a Kim. Mi mente se aclaró repentinamente como nunca y me di cuenta de que había puesto el amor a mi niñita por encima del amor a Dios. Había estado imponiendo mi voluntad. Mi voluntad. No la de Dios. No su soberana elección. Una vasija de arcilla había estado recriminando a su hacedor, para no caer en sumisión ante sus sagrados pies.

Me di cuenta de que había tratado de manipular a Dios; vi que había estado haciendo todas "las cosas" correctas para que él se viera obligado a contestar mis súplicas. No había considerado realmente la posibilidad de que él pudiera pedirme a Kimmie.

—Seguramente, dulce Jesús, no me estás pidiendo esto. No la vida de mi bebé. Qué fácil es para ti sanarla. Simplemente un toque. ¡Oh, mi Señor y mi Dios, no me pidas esto!

Mientras hablaba, conocía la respuesta. Sólo con absoluta sumisión a la voluntad soberana de Dios, podría lograrlo. En mi roto corazón construí un altar. Sobre este altar coloqué a mi única y adorada hija, como Abraham colocó a Isaac en el altar de Moriah.

—Oh, mi Señor, pongo mi confianza en ti. Si vas a tomar

a mi bebé, hazlo. No puedo resistirme más tiempo. Perdóname, Señor, por mi falta de confianza y de obediencia. No comprendo por qué me estás pidiendo a mi niña, pero te amo y confío en ti. Ayúdame de ahora en adelante.

Una paz profunda me inundó. La batalla había terminado. Conseguí la victoria. Dejé salir todo el coraje y el miedo con el que yo había vivido por tantos meses. Descansaría mi vida entera en la voluntad perfecta de Dios.

Seis semanas después, Kim y yo estábamos en el consultorio del doctor Rubinstein nuevamente. Kim no había estado enferma durante todo ese tiempo. Estaba radiante y alerta en mis brazos, rebosante de salud.

—Nunca había visto algo así —dijo el doctor Rubinstein con una mirada confundida—. El conteo de glóbulos blancos de Kim es absolutamente normal. Esto es imposible. No pudo cambiar así, tan rápido.

Pero lo había hecho. Y en mi corazón sabía por qué. Así como Isaac fue devuelto a Abraham, así mi pequeñita me había sido devuelta. Mi Señor era el Gran Médico y un Padre en quien se podía confiar.

¿Quizá ha llegado el momento de otra curación?

"Cuando llegue a casa —pensé—, creo que voy a llamar a mi papá."

Teresa Anne Arries

5

SOBRE LA FACETA MÁS LIGERA

Hay un momento para todo y un tiempo para cada acción bajo el cielo. Un tiempo para nacer y un tiempo para morir... Un tiempo para llorar y un tiempo para reír.

Ec. 3:1-2, 4

No estacionarse

Un ministro estacionó su automóvil en una zona donde estaba prohibido hacerlo en medio de una gran ciudad y colocó el siguiente mensaje en el parabrisas:

—He dado diez vueltas a esta cuadra. Tengo una cita que cumplir. *Perdona nuestras ofensas.*

Cuando regresó a su automóvil, encontró esta respuesta escrita en su nota, junto con una boleta de infracción:

—Yo llevo diez años dándole vueltas a esta cuadra. Si no le impongo una multa, pierdo mi trabajo. *No nos dejes caer en la tentación.*

Bits & Pieces

Irreverente manipulación

*Creo en la risa. Pienso que es el alimento para
el alma.*

Tommy Lasorda

El pequeño Benjamín se sentó al escritorio, a escribirle
una carta a Dios para pedirle una hermanita. Comenzó la
carta así:

Querido Dios: He sido un niño bueno...

Se detuvo, pensando. "No, Dios no va a creer esto".
Arrugó el pedazo de papel, lo tiró y comenzó
nuevamente:

*Querido Dios, la mayor parte del tiempo he sido un niño
bueno...*

Se detuvo a la mitad de la oración y nuevamente pensó:
"Dios no se va a conmover con esto". Así que arrugó la
carta que fue a dar al bote de la basura.

Benjamín entonces fue al baño y tomó una gran toalla.
La llevó a la sala y suavemente la colocó sobre el sofá. Le
quitó todas las arrugas. Luego se acercó a la repisa de la

chimenea y muy cuidadosamente bajó una estatuilla de la virgen. Había visto con frecuencia a su madre sacudirla con mucho cuidado, y él mismo se había quedado contemplándola un montón de veces. En varias ocasiones sus padres le habían dicho que podía mirarla, pero no podía tocarla. Ahora, con todo el cuidado del que era capaz, la tenía en su poder.

Benjamín colocó la estatuilla con mucha precaución en medio de la toalla, dobló los bordes cuidadosamente y luego puso una liga alrededor. La trajo al escritorio, tomó otro pedazo de papel y comenzó a escribir su tercera carta a Dios. Decía así:

Querido Dios, si quieres volver a ver a tu madre...

Pasaje seleccionado de
Moments for Mothers

Divinas metidas de pata

El humor es la más grande bendición de la humanidad.

Mark Twain

La mayoría de los disparates que aparecen en los documentos religiosos continúa en la oscuridad. He aquí varios ejemplos de metidas de pata, seleccionadas de varios boletines de iglesia y oficios eclesiásticos:

• Las damas de la iglesia han desechado ropas de toda clase, y pueden verlas el viernes por la tarde, en el sótano de la iglesia.

• El domingo se hará una colecta especial para sufragar los gastos de la nueva alfombra. Todos los que quieran hacer algo sobre la alfombra, por favor pasen adelante y tomen un pedazo de papel.

• Irving Benson y Jessie Carter se casaron el 24 de octubre en la iglesia. Así termina una amistad que comenzó en la escuela.

• Esta tarde habrá una reunión en los extremos sur y

norte de la iglesia. Los niños se bautizarán por ambos extremos.

• Para los que tienen niños y no lo saben, tenemos una guardería en la planta baja.

• El pastor dará su mensaje de despedida, después del cual el coro cantará: "Aquí empieza la alegría".

• Como hoy es Domingo de Pascua, le pediremos a la señora White que pase al frente y ponga un huevo en el altar.

• El coro se reunirá en la casa Larsen, junto al lago, para divertirse pecando.

• El jueves a las cinco de la tarde habrá una reunión del Club de Pequeñas Madres. Aquéllas que quieran convertirse en pequeñas madres, por favor pasen con el ministro al estudio.

• Durante la ausencia de nuestro pastor, disfrutamos el raro privilegio de escuchar un buen sermón cuando J. F. Stubbs ocupó su lugar en el púlpito.

• La Sociedad Literaria de Damas se reunirá el miércoles. La señora Clark cantará "Acuéstame en mi camita", acompañada por el pastor.

• El próximo domingo, la señora Vinson será la solista del servicio matutino. Luego, el pastor hablará de "Esa terrible experiencia".

• Por causa de la enfermedad del sacerdote, los servicios de curación del miércoles se interrumpirán hasta nuevo aviso.

• Recuerden en sus oraciones a los muchos feligreses de nuestra iglesia y comunidad que están enfermos.

• Los alumnos de octavo grado presentarán *Hamlet* de Shakespeare en el sótano de la iglesia, el viernes a las siete de la tarde. La congregación está invitada a asistir a esta tragedia.

• Veintidós miembros estuvieron presentes en la reunión de la iglesia que tuvo lugar en la casa de la señora Marsha Crutchfield, ayer en la tarde. La señora Crutchfield y la señora Rankin cantaron a dúo: "El Señor sabe por qué".

• Sonríe a alguien a quien te sea difícil amar. Manda "al cuerno" al que no se interese mucho en ti.

El sermón de hoy:
¿CUÁNTO PUEDE BEBER UN HOMBRE?
con cánticos de un coro completo.

• Cena de lo que haya: seguida de rezo y medicación.

• No dejes que la preocupación te mate: permite que la iglesia te ayude.

Ojalá que siempre existan estas metidas de pata. Tal frivolidad involuntaria aligera y trae luz a muchos boletines de iglesia, que de otra manera serían muy áridos.

Richard Lederer
de la publicación Anguished English

Un domingo sin excusas

El humor es una prueba de fe.

Charles M. Schulz

Para lograr que todos asistan a la iglesia el próximo domingo, vamos a tener "Un domingo sin excusas" especial. Se colocarán catres en el vestíbulo, para los que dicen que el domingo es el único día en que pueden dormir. Habrá una sección especial con sillas de lona, para los que sienten que nuestros asientos son demasiado duros. Habrá colirio para los que tengan los ojos irritados de tanto ver televisión el sábado anterior. Tendremos cascos de acero para quienes dicen que el techo se derrumbará el día que vayan a la iglesia. Se repartirán mantas para los que piensan que la iglesia es demasiado fría y abanicos para los que dicen que es demasiado calurosa. Facilitaremos tarjetas de evaluación, para los que deseen contar a los hipócritas que están presentes. Familiares y amigos harán acto de presencia por los que no pueden ir a la iglesia y por los que tienen que también. Se distribuirán broches con la leyenda "Hay que acabar con la administración" para los que creen que la iglesia siempre está pidiendo dinero.

Se abrirá una sección dedicada a los árboles y al pasto para los que buscan a Dios en la naturaleza. Habrá doctores y enfermeras para atender a los que planean enfermarse el domingo. El santuario estará decorado tanto con flores rojas de Navidad como con azucenas de pascua, para los que nunca han visto la iglesia decorada sin ellas. Proporcionaremos audífonos para los que no pueden escuchar al predicador y algodón para los que sí pueden.

Autor desconocido
de la publicación Joyful Noiseletter

Impresionante generosidad

La historia empieza cuando Robert Smith estaba dando su paseo vespertino, como parte de su terapia de recuperación de un ataque al corazón. El teléfono sonó y su esposa, Delores, contestó. La llamada era de la División de Premios de *Selecciones del Reader's Digest* en Nueva York. Llamaban para informar a la familia Smith que Robert acababa de ganar $1.500.000 y que en pocos días recibirían el cheque certificado. Bien, como pueden imaginarse, Delores estaba absolutamente fascinada. ¡Ahora, todos esos sueños se harían realidad!

Pero entonces recordó que su esposo apenas se estaba recuperando de su ataque cardiaco y que el doctor le había dicho que no debía sufrir emociones fuertes. Delores tuvo miedo de que si le decía que acababa de ganar una suma tan grande, tuviera otro ataque y muriera. ¿Qué debía hacer? Después de pensarlo, decidió llamar a su pastor y pedirle consejo, porque él había tenido experiencia en cómo dar noticias difíciles a las familias.

Delores marcó el número.

—Hola, pastor Baldwin... Habla Delores Smith.

El pastor le contestó:

—Qué tal, Delores. ¿Cómo estás? ¿Y cómo está Bob?

—Estoy bien, gracias. Y también Bob. Se está recuperando. Pero tengo un problema y necesito su consejo.

—Seguro; si puedo ayudar, me daría mucho gusto —contestó el pastor.

—Mire, pastor, acabo de recibir una llamada de la División de Premios del *Reader's Digest*, ¡informándome que Bob acaba de ganar $1.500.000!

—¡Eso es grandioso! —dijo el pastor—. Pero, ¿dónde está el problema?

—Bueno, tengo miedo de que si le digo a Bob, se emocione tanto que tenga otro ataque al corazón y caiga muerto. ¿Puede ayudarme?

—Bueno, Delores, creo que sí. Voy para allá.

Así que, como una hora después, Bob regresó de su caminata y él, Delores y el pastor Baldwin se reunieron en el estudio y tuvieron una amena charla. El pastor se inclinó hacia Bob y le dijo:

—Bob, tengo un problema y necesito tu consejo.

—Seguro, pastor, si puedo ayudar, me daría mucho gusto hacerlo —dijo Bob.

El pastor respiró profundamente y prosiguió:

—Es una situación teórica respecto a la administración cristiana. ¿Qué haría una persona, por ejemplo, tú, si de pronto se enterara que ha ganado $1.500.000? ¿Qué harías con todo ese dinero?

—Eso es fácil —contestó Bob—, comenzaría por donar $750.000 a la iglesia.

¡Después de tales palabras, el pastor Baldwin tuvo un ataque al corazón y cayó muerto!

Seleccionado de
Moments for Pastors

6

SOBRE LA MUERTE Y EL MORIR

Es a través de dar que recibimos; y es a través de la muerte que nacemos a la vida eterna.

San Francisco de Asís

¿Qué había en el huevo de Jeremy?

Jeremy nació con un cuerpo torcido, una mente lenta y una enfermedad terminal crónica que había venido aniquilándolo lentamente durante toda su corta vida. Aun así, sus padres habían tratado de darle una vida lo más normal posible, y lo habían enviado a la escuela primaria de Santa Teresa.

A sus años, Jeremy apenas cursaba el segundo grado, aparentemente incapaz de aprender. Su profesora, Doris Miller, frecuentemente llegaba a exasperarse con él. Jeremy se retorcía en su asiento, babeaba y emitía sonidos extraños.

Otras veces, podía comunicarse con claridad, como si un rayo de luz hubiera penetrado en la oscuridad de su cerebro. La mayor parte del tiempo, sin embargo, Jeremy irritaba a la maestra. Un día, ésta llamó a sus padres y les pidió que vinieran a Santa Teresa para una entrevista.

Mientras los Forrester estaban serenamente sentados en el aula vacía, Doris les dijo:

—Jeremy realmente debería ser enviado a una escuela especial. No es justo para él que esté con niños más pequeños que no tienen problemas de aprendizaje. ¡Es innegable que hay una brecha de cinco años entre él y los otros estudiantes!

La señora Forrester ocultaba sus lágrimas con un pañuelo, mientras su esposo hablaba.

—Señorita Miller —le dijo—, no hay una institución de educación especial aquí. Sería terrible para Jeremy si lo tuviéramos que sacar de esta escuela. Sabemos que realmente le gusta estar aquí. Doris estuvo sola un largo rato después de que la pareja se retiró, mirando caer la nieve por la ventana. La frialdad de la nieve pareció filtrarse en su alma.

Quería comprender a los Forrester. Después de todo, su único hijo tenía una enfermedad terminal. Pero no era justo mantenerlo en su clase. Tenía 18 niños a quienes enseñar y Jeremy era una distracción. Además, nunca aprendería a leer y a escribir. ¿Por qué perder más el tiempo intentándolo?

Mientras analizaba la situación, la culpabilidad la invadió.

—Oh, Dios —dijo en voz alta—, ¡aquí estoy quejándome, cuando mis problemas no son nada comparados con los de esa pobre familia! Por favor, ayúdame a ser más paciente con Jeremy.

A partir de ese día, hizo un gran esfuerzo por ignorar los sonidos de Jeremy y sus vagas miradas. Entonces, un día el niño llegó cojeando a su escritorio, arrastrando su pierna enferma.

—La quiero mucho, señorita Miller —exclamó tan alto que la clase entera pudo escucharlo. Los otros estudiantes se rieron y Doris se ruborizó.

Dijo tartamudeando:

—Bueno, eso es muy bonito, Jeremy. Ahora por favor vuelve a tu asiento.

Llegó la primavera y los niños hablaban emocionados

de la llegada de la pascua. Doris les contó la historia de Jesús y luego, para enfatizar la idea del comienzo de una nueva vida, dio a cada uno de los niños un gran huevo de plástico.

—Está bien —les dijo—, quiero que se lleven esto a casa y que lo traigan mañana con algo adentro que signifique el inicio de una nueva vida. ¿Comprenden?

—¡Sí, señorita Miller! —respondieron todos los niños con estusiasmo... todos excepto Jeremy. Él simplemente escuchaba con atención; sus ojos no se apartaban del rostro de su maestra. Ni siquiera hizo los ruidos acostumbrados.

¿Había comprendido lo que ella dijo sobre la muerte y la resurrección de Jesús? ¿Había entendido cuál era la tarea? Quizás debía llamar a sus padres y explicarles el proyecto.

Esa tarde, el fregadero de la cocina de Doris se tapó. Llamó al dueño y esperó una hora para que él fuera a arreglarlo. Después, todavía tuvo que ir a comprar comestibles, planchar una blusa y preparar una prueba de vocabulario para el otro día. Se olvidó, por completo de telefonear a los padres de Jeremy.

A la mañana siguiente, 19 niños llegaron a la escuela, riendo y platicando, mientras colocaban sus huevos en una gran canasta de mimbre sobre el escritorio de la señorita Miller. Después que terminaron su lección de matemáticas, llegó el momento de abrir los huevos.

En el primer huevo, Doris encontró una flor.

—Ah, sí, una flor es desde luego un símbolo de nueva vida —dijo—. Cuando las plantas brotan de la tierra, sabemos que la primavera está aquí —una pequeña niña en la primera fila levantó el brazo.

—¡Ése es mi huevo, señorita Miller! —dijo gritando.

El siguiente huevo contenía una mariposa de plástico, que parecía muy real. Doris la levantó.

—Todos sabemos que una oruga cambia y se convierte en una hermosa mariposa. Sí, eso también es nueva vida.

La pequeña Judy sonrió orgullosamente y dijo:

—¡Señorita Miller, ése es mio!

Luego, Doris encontró una roca cubierta de musgo. Les explicó cómo ese musgo también mostraba vida. Billy habló desde el fondo del salón:

—¡Mi papá me ayudó! —exclamó.

Entonces, Doris abrió el cuarto huevo. Titubeó. ¡El huevo estaba vacío! "Seguramente es el de Jeremy", pensó, "y por supuesto, no comprendió las instrucciones." Si no se hubiera olvidado de telefonear a sus padres. Como no quería avergonzarlo, discretamente colocó el huevo a un lado y tomó otro.

De pronto Jeremy habló:

—Señorita Miller, ¿no va usted a hablar de mi huevo?

Aturdida, Doris le contestó:

—Pero, Jeremy, ¡tu huevo está vacío!

Jeremy la miró a los ojos y dijo suavemente:

—¡Si, pero la tumba de Jesús también estaba vacía!

El tiempo se detuvo. Cuando pudo hablar nuevamente, Doris le preguntó:

—¿Sabes por qué estaba vacía la tumba?

—¡Ah, sí! —exclamó Jeremy—. A Jesús lo mataron y lo pusieron ahí. ¡Entonces su Padre lo levantó!

Sonó la campana del recreo. Mientras los niños salían en tropel al patio de la escuela, Doris lloró. El frío que había en su interior se disipó completamente.

Tres meses después, Jeremy nurió. Aquéllos que presentaron sus respetos en el velatorio se sorprendieron al ver 29 huevos encima de su ataúd, todos ellos vacíos.

Ida Mae Kempel

¡Estoy aquí!

El que venciere será vestido de vestiduras blancas y no borraré jamás su nombre del libro de la vida, y confesaré su nombre delante de mi Padre y de los ángeles.

Ap. 3:5

Los Rogers son devotos cristianos que habían formado una familia muy unida. El padre tiene un especial interés en la condición espiritual de cada uno de sus hijos y constantemente les hacía pequeñas pruebas para saber si estaban seguros de su salvación. Algunas veces les pedía que expresaran con sus propias palabras su relación con Cristo Jesús.

Un día fue el turno de Jimmy, de siete años, para compartir con los demás cómo interpretaba la vida eterna. Jimmy contó su versión:

—Creo que el paraíso es más o menos así: un día, cuando todos lleguemos al cielo, será el momento de que el gran ángel lea del libro grande los nombres de todas las personas que estén allí. Llegará a la familia Rogers y dirá: "¿Papá Rogers?", y papá contestará: "¡Aquí estoy!" Luego el ángel llamará: "¿Mamá Rogers?" y mami dirá: "¡Aquí estoy!" Entonces el ángel empezará a llamar a Susie Rogers y a Mavis Rogers, y las dos dirán: "¡Estamos aquí!"

Hizo una pausa, respiró profundo y continuó:

—Y por último, el gran ángel leerá mi nombre, Jimmy Rogers, y como soy chiquito y quizá no me ve, saltaré y gritaré muy fuerte: "¡AQUÍ ESTOY!", para estar seguro de que ya me ha visto.

Pocos días después, hubo un trágico accidente. Un automóvil atropelló a Jimmy Rogers mientras iba a tomar el autobús escolar. Lo llevaron inmediatamente al hospital en ambulancia y toda la familia se reunió allí. Su estado era muy grave.

El pequeño grupo familiar se encontraba alrededor de la cama en la que el pequeño Jimmy yacía sin movimiento, inconsciente y sin ninguna esperanza de recuperación. Los doctores habían hecho todo lo que estaba a su alcance. Jimmy probablemente no pasaría la noche.

La familia rezó y esperó. Más tarde, el pequeño pareció agitarse un poco. Todos se acercaron. Vieron que sus labios se movían; sólo pronunció dos palabras antes de irse de esta vida. Pero fueron palabras de consuelo y esperanza para una familia afligida que se quedaba atrás. En su clara voz, lo suficientemente fuerte y rotunda para que todos pudieran escuchar y comprender, el pequeño Jimmy Rogers dijo las palabras: "¡AQUÍ ESTOY!" y luego se fue a otra vida más allá de este mundo, donde un gran ángel estaba leyendo los nombres anotados allí.

Seleccionado de Moments for Mothers

Contestando el llamado

La congregación de la pequeña parroquia del padre John en el desierto, de verdad lo amaba y apreciaba su estilo sincero y sus cuidados. Durante el saludo de la paz, siempre llamaba a los niños que asistían a misa para que subieran y lo abrazaran. Lo hacía por él, estoy seguro, pero también lo hacía por los niños. Todos y cada uno de ellos esperaba el momento dentro de la misa en el que se pararía junto al altar, sería el centro de atención y abrazaría al no tan viejo y un poco gordito sacerdote.

Un domingo en particular, después de que se pensaba que habían terminado todos los abrazos y que el "Cordero de Dios que quita los pecados del mundo" había comenzado, una vocecita a la mitad de la iglesia dijo: "¿Y yo qué?" El padre John detuvo su rezo y extendió los brazos. La vocecita, con cara pecosa, cabello peinado hacia atrás, relucientes botas vaqueras y pantalones cortos, corrió por el pasillo hacia el altar llorando, porque pensó que se habían olvidado de él. El padre John sólo extendió sus brazos, alzó al pequeño y lo sostuvo muy cerca de sí, y con mucho cariño.

Tres semanas después, regresé a la pequeña parroquia

del desierto y había un sacerdote diferente, a quien yo no conocía, celebrando misa. Me senté cerca de una mujer que lloraba discretamente mientras sostenía mi mano cuando todos cantábamos: "Padre nuestro, que estás en los cielos..." Parece que el padre John había perdido su lugar en la misma parte de la misa que el domingo anterior. Dijo a sus feligreses: "Como el Señor nos ha enseñado a rezar..." y la parroquia respondió con la oración del Señor. Y después de que terminaron, el padre John dijo nuevamente: "Como el Señor nos enseñó a rezar..." y, de nuevo, los confusos pero dispuestos feligreses respondieron con la oración del Señor. Y por tercera ocasión después de que la oración terminara, el padre John dijo: "Como el Señor nos enseñó a rezar..." Pero luego, antes de que su dispuesta congregación se sintiera obligada a responder por tercera vez, el padre John se detuvo y se desmayó, y luego el padre John murió. Y una vez más, el padre John había detenido su rezo y había levantado sus brazos, y había respondido a aquél que lo llamó.

Edward B. Mullen

El mayor sacrificio

Los dos ataúdes fueron colocados uno al lado del otro en la sala de recepción de la funeraria. Dos decesos habían ocurrido en la familia Stokes. Los que ocupaban esos ataúdes no murieron de viejos. Eran personas jóvenes, adolescentes, que apenas se preparaban para vivir. La mayor de las tragedias era que se trataba de un hermano y una hermana, y ambos habían muerto en el mismo fatal accidente automovilístico.

Una gran multitud se reunió para ver a los adolescentes y para ofrecer condolencias a sus padres acongojados por el dolor, el reverendo Paul Stokes y su esposa ¿Cómo reaccionarían ellos? ¿Qué dirían cuando vieran no a uno, sino a dos de sus preciosos hijos, ahora en la frialdad de la muerte?

Cada uno de los muchachos era dinámico en su respectiva escuela y tenían muchos amigos, Paul hijo asistía al cercano colegio Coastal de Carolina, mientras Becky, su hermana, cursaba el décimo grado en la secundaria Aynor. No solamente eran hermanos, sino que también eran muy buenos amigos.

La noche de la tragedia que los llevó a la muerte, Becky

y varios amigos organizaron una fiesta de cumpleaños para Paul hijo en la Primera Iglesia Bautista de Aynor, en Carolina del Sur, donde el reverendo Stokes era pastor.

Después de la fiesta, el joven Paul pidió a Becky y a su pareja, Tommy, que fueran con él a Mullins a recoger a su novia, Bárbara, para regresar juntos a Aynor. Al ir hacia Mullins, tenían que pasar por una carretera que cruzaba el pequeño pantano Pee Dee.

La carretera que atravesaba el pantano fue construida sobre una calzada, con un canal lleno de agua a cada lado del camino. No había barrera de contención a los lados para impedir que un automóvil se fuera al canal y, de vez en cuando, alguno se salía del camino, se iba al terraplén y caía al agua. A veces la persona escapaba; otras, se ahogaba dentro de su automóvil.

Nadie sabe qué sucedió esa noche funesta después de que los chicos habían recogido a Bárbara. Volvían a través del pantano, cuando algo terrible sucedió. Su automóvil se salió de la carretera, bajó por el terraplén y cayó en el agua. El automóvil se hundió y los dos hermanos se ahogaron en el accidente.

Hubiera sido muy infortunado que uno de ellos falleciera, pero los dos, y ambos de la misma familia... Todo el alumnado de la secundaria Aynor y del colegio Coastal de Carolina, y las comunidades cercanas estaban sumidos en el dolor. La comunidad de la iglesia donde vivían los muchachos estaba atónita con la tragedia. Cientos de personas se sentían personalmente involucradas en el duelo.

El reverendo y la señora Stokes llegaron a la funeraria abatidos por el dolor. Se dirigieron a la recepción, donde yacían sus adorados hijos, fríos e inertes.

La multitud nuevamente se preguntó qué reacción tendrían, o si serían capaces de superar el dolor.

El reverendo y la señora Stokes permanecieron mirando

a sus maravillosos hijos, primero a una y luego al otro. Las lágrimas inundaron sus ojos otra vez, mientras por momentos se quedaban estupefactos. Entonces, desde lo más profundo de su alma y de su corazón hecho pedazos, el reverendo Stokes articuló las palabras pronunciadas hace siglos por otro hombre que había perdido a su familia. Con las lágrimas resbalando por su rostro, dijo las palabras de Job: "El Señor ha dado, y el Señor ha quitado. Bendito sea el nombre del Señor". Después de esta frase, se quedó en silencio.

Fue en ese preciso instante, sin embargo, que la fortaleza del espíritu humano y la fe suprema en Dios, se revelaron. Ese hombre de Dios, herido en su corazón, totalmente humano, no maldijo su destino o al Dios que amaba tanto. En cambio, él y su fiel esposa se entregaron, ellos y sus hijos muertos, completamente en las manos de Dios. Los que estaban presentes supieron que el material con que estaban hechos el ministro y su esposa, era el mismo del que estaban hechos los héroes.

Hubo otro giro en la historia que merece relatarse. El verdadero héroe del suceso estaba ese día en uno de los ataúdes. El joven Paul había caído al agua con el automóvil y con su hermana. Se había ahogado, no había duda, aquella terrible noche. Sin embargo, Paul hijo, Tommy y Bárbara habían logrado escapar del auto. Él y Tommy habían pateado el parabrisas hasta arrancarlo del automóvil hundido y los tres habían subido a la superficie. Al hacerlo, se buscaron en la oscuridad y el joven Paul se percató de que su hermana, Becky, estaba todavía abajo, atrapada en el automóvil. Sin dudarlo, llenó de aire sus pulmones y buceó hacia el automóvil hundido, para ayudar a liberar a su hermana. Mientras tanto, Tommy y Bárbara nadaron rápidamente a la orilla más cercana, y esperaron en la oscuridad oír los sonidos de sus amigos al subir a la superficie. El tiempo transcurría, mientras estaban preocupados de lo que estaba pasando allá abajo, en la completa oscuridad del agua negra. Finalmente, supieron que no solamente Becky, sino que también el joven Paul había perecido en la tragedia que había acontecido ante sus ojos.

Toda la verdad de la odisea no se supo sino hasta después de varias horas. Paul hijo había tomado un curso de salvavidas en el último año de la secundaria y era un excelente nadador. Aun en la oscuridad, había ubicado el automóvil sumergido, pero también tuvo que ubicar el parabrisas delantero, para volver a entrar. Había hecho eso y había encontrado a Becky inconsciente en el asiento trasero. Sin embargo, encontrar el automóvil, el parabrisas y a Becky en la oscuridad, tomó tiempo, demasiado tiempo.

Después, cuando los socorristas encontraron al joven Paul y a Becky en el auto, él tenía su brazo alrededor del cuello de ella, en posición de la técnica de salvavidas. Fue en esa posición que se congeló hasta morir. Había elegido dar su vida por intentar rescatar a su hermana, en lugar de nadar hacia donde pudiera estar a salvo, sin ella. El hermano adolescente fue el verdadero héroe, pero tenía buena madera.

Más tarde se supo que Becky no tenía agua en los pulmones. Estaba muerta desde antes de entrar al agua, ya fuera por el cuello roto, o por un severo golpe en la cabeza durante el accidente.

¿Qué dijo Jesús sobre tales situaciones? "Mejor amor no tiene el hombre que éste, dar su vida por un amigo", y quizá todavía más por una hermana.

Hace pocos meses, aproximadamente 30 años después del accidente, mientras el reverendo Paul Stokes yacía agonizante, se refirió al salmo 23 que habla del "valle de las sombras de la muerte". Se volvió a su adorada esposa y le dijo:

—Me voy a través del valle de las sombras de la muerte ahora. Apaga la luz para que pueda alcanzar a nuestros dos hijos que están en el cielo; tú quédate aquí con los otros dos.

Con esas palabras, se deslizó a la eternidad para estar con el joven Paul y Becky.

Los dos ataúdes estaban uno junto al otro en la recepción de la funeraria y en uno de ellos yacía un verdadero héroe, que había realizado el mayor sacrificio.

Ray L. Lundy

El traje de novia

Fue una hermosa boda en un día frío y despejado de diciembre una semana antes de Navidad. Me sentía muy bella con mi vestido color blanco crema de satín, salpicado de minúsculas perlas, que acentuaba mi pequeño talle y mi cabello color caoba. Era una época de alegría y esperanza.

Pero la alegría y la esperanza no caracterizaron los años que siguieron. ¿Cómo puede uno llegar a comprender el misterio, las pugnas, la vida interior de otro? Yo presencié, con impotencia, cómo mi amado sucumbía bajo las garras del alcoholismo y de la mentira que lo acompaña. Me sentía hecha pedazos bajo la constante lluvia de abusos emocionales y mis energías regresaron sólo cuando ese abuso comenzó a volver su horrible rostro hacia nuestros dos pequeños hijos. El regocijo y la esperanza se habían marchado; el matrimonio estaba en ruinas. El traje de novia, cuidadosamente guardado como recuerdo de mejores tiempos, se convirtió en fuente de dolor.

El dolor era también la experiencia de otra mujer. A los 27 años, Teresa estaba muriendo de cáncer. La alegría, la esperanza que debían haberle pertenecido, desaparecían. A su lado estaba su amor, destrozado por la realidad de que su vida juntos no existiría, de que el día de su boda sería sólo un sueño.

Yo ya no era la joven novia con el vestido de satín. Ahora era una madre sola, luchando por cuidar a mis pequeñitos. Reflexionaba con gratitud sobre la educación que tenía. La capacidad para usar mis habilidades de enfermería, no sólo mantenía a mi joven familia, sino que también me proveía de un ministerio de curación con el que podía bendecir tanto a mis pacientes como a mi propio ser herido. Mientras buscaba levantar el manto de dolor que cubría a Teresa, daba gracias por las bendiciones dulces y amargas de mi propia vida.

Mientras la morfina goteaba a través de la intravenosa, Teresa me susurraba:

—Mi prometido y yo hemos decidido que queremos casarnos antes de que yo muera. Sé que esto puede parecer algo sin sentido, pero queremos ser uno ante Dios, aunque sea por poco tiempo. Lo que no sé es cómo podremos casarnos aquí.

—Déjame hablar con nuestro capellán —le respondí.

En los dos días siguientes, en la unidad de enfermería hubo una atmósfera de fiesta. Se reservó la capilla nupcial del hospital, el capellán habló con la joven pareja sobre el significado y la bendición del matrimonio; la trabajadora social, una violinista talentosa, se ofreció para tocar en la ceremonia, y la cafetería del hospital prometió una comida especial para la recepción.

—Creo que voy a verme algo extraña casándome con esta bata de hospital —comentó Teresa. Como se habían agotado sus ahorros, la hospitalización estaba siendo financiada por el seguro que el Estado tiene para los indigentes. "Mi vestido", pensé. "Mi pequeño vestido de novia. Sería de la talla justa para Teresa."

—Tengo un precioso vestido que podrías usar —le dije—. Lo usé en mi boda y creo que te quedaría muy bien.

Mientras le describía el vestido y el delicado velo que hacía juego, los ojos de Teresa brillaron.

El día de la boda amaneció claro y soleado. Había silencio en la unidad de enfermería, mientras el personal médico y de enfermeras se apuraban con sus tareas de la mañana. Una excitación y una alegría ocultas impregnaban el ambiente. El traje de novia estaba colgado a los pies de la cama de Teresa, listo para ser colocado suavemente en la novia. Teresa esperaba satisfecha, con una apacible sonrisa enmarcando su cara demacrada.

A la una de la tarde, entré en la habitación para comenzar a vestir a la novia. Afuera del cuarto de Teresa esperaba un ramillete nupcial de rosas rosadas y suspiros, donado por la florería local. Al entrar al cuarto, me fijé primero en el vestido de satín blanco crema, salpicado de perlas minúsculas, pensando en un frío día de diciembre de hacía muchos años. Toqué la fina tela, disfrutando su tersura. Tomando el lindo vestido, me volví hacia Teresa, notando qué tranquila se veía.

—Teresa, ¿estás lista para ser una hermosa novia? ¿Teresa? ¡Teresa! Oh, no. Por favor, Dios, no ahora. ¡Por favor, no la dejes morir ahora!

Teresa me miró brevemente, sonriendo con dulzura y diciéndonos así adiós.

La atmósfera cambió de la alegría al dolor. El prometido de Teresa sollozaba inconsolable, mientras se arrojaba sobre su frágil cuerpo. Su madre se derrumbó a los pies de la cama. Yo sostuve el traje de novia contra mi regazo, derramando lágrimas sobre las pequeñas perlas.

Dos días después, la madre y el prometido de Teresa me buscaron, para preguntarme si podía asistir al funeral.

—Teresa te quería —me dijo su madre—. Nos sentiríamos honrados si pudieras estar con nosotros en el funeral. Deseaba tanto ser una novia y tú la comprendiste...

Deseaba tanto ser una novia. En vida se le había negado esta alegría.

—Mi Teresa se hubiera visto hermosa con ese lindo vestido —dijo su madre.

Si no hermosa en vida, ¿por qué no en la muerte? No, Señor. No. Eso es demasiado.

"Mi propósito es que sean consolados sus corazones, siendo formados en la caridad y en toda la riqueza de la plenitud de la inteligencia, para que puedan conocer el misterio de Dios", dice el apóstol Pablo en su carta a los colosenses 2:2,3 NIV.

—¿Qué quieres decir, Señor? —pregunté.

Aliéntalos en su corazón y muéstrales mi amor a través de tu amor.

Con voz temblorosa, pregunté:

—¿Cómo van a vestir a Teresa para su funeral?

Primero apartaron la mirada y luego me dijeron:

—No lo hemos decidido aún. Todas sus ropas son muy viejas y demasiado grandes para ella ahora.

Mi propósito es que sean consolados sus corazones...

—¿Les gustaría vestir a Teresa con el traje de novia? —pregunté.

—Pero es tu traje de novia —dijo su prometido.

—No, *fue* mi traje de novia, pero también iba a ser el traje de novia de Teresa. Es su vestido. Pueden disponer de él.

Teresa fue enterrada con el vestido de satín blanco crema con pequeñas perlas. Un tenue velo que hacía juego suavemente cubría su rostro, el que aún era delicado a pesar de la muerte. Permanecí en su tumba, tratando de comprender el misterio de los caminos del Señor.

¡Oh, profundidad de las riquezas, de la sabiduría y de la ciencia de Dios! ¡Cuán incomprensibles son sus juicios, e inescrutables sus caminos! ¿Quién ha conocido el pensamiento del Señor? (Rom. 11:33, 34 NIV).

Bárbara Frye,
remitido por Ruby Hinrichs

La historia de Helen

... Yo nunca te abandonaré ni te desampararé.

Heb. 13:5

Helen Packer tenía 17 años cuando la conocí. Era una cristiana muy devota y una hija muy querida, quien estaba ingresando en el hospital por última vez. Su diagnóstico era linfoma y todos los intentos para lograr la remisión habían fracasado. Como su enfermera, Helen me confió que podía soportar todo, menos la idea de morir sola.

Ella sólo quería que alguien amado estuviera cerca, para que sostuviera su mano y rezara con ella. La madre de Helen permanecía a su lado desde temprano en la mañana hasta muy noche; regresaba a su hogar para descansar un rato y volvía a la mañana siguiente. Su padre viajaba a menudo por cuestiones de trabajo, pero relevaba a su esposa tan frecuentemente como le era posible.

Todas las enfermeras de la unidad nos dábamos cuenta de que Helen estaba muy cerca de la muerte, lo que también sabía ella y su familia. Comenzó a sufrir ataques y a perder el conocimiento a ratos.

Cuando una noche me marchaba del hospital, como a las 11 de la noche, noté que la madre de Helen se dirigía también al estacionamiento. Nuestra conversación fue interrumpida por el altavoz del hospital.

Llamada externa para Helen Packer. ¡Por favor llame a la operadora!

La señora Packer reaccionó inmediatamente con alarma.

Todo mundo sabe lo mal que está —dijo preocupada—. Voy a regresar a su cuarto a ver quién llama.

Diciendo esto, me dejó y regresó con Helen. La operadora informó que la persona que llamaba colgó, pero había dejado un mensaje:

Dígale a Helen que el encargado de recogerla llegará tarde, pero que vendrá.

Desconcertada, la señora Packer permaneció junto a la cama de Helen esperando al visitante misterioso. Helen murió a la 1:13 a.m., con su madre junto a ella, sosteniéndole la mano y rezando.

Cuando se le preguntó al día siguiente, la operadora no pudo recordar ni siquiera el sexo del que llamó. No se encontró a ninguna otra Helen Packer, ni empleada ni paciente ni visitante. Para los que nos preocupábamos, cuidábamos y rezábamos por Helen, sólo había una respuesta.

Sandy Beauchamp

Dulces adioses

En verdad les digo que si no cambian y se hacen como los niños, no entrarán nunca en el reino de los cielos.

Mat. 18:3

Mi hija, Whitley, sólo tenía dos años cuando se enfrentó con la muerte por primera vez. Llegó como un cáncer que le robó lentamente a su abuela "adoptiva", la señorita Betty. Los abuelos naturales de Whitley estaban vivos, pero la señorita Betty y el señor Bill estaban cerca y, ya que sus nietos vivían a varias horas de distancia, Whitley fue acogida con agrado en sus vidas. La relación complacía a todos.

La señorita Betty, una impecable mujer de cabello plateado, había cuidado a Whitley cuando di un curso de verano de tres semanas y su relación se profundizó. Betty era muy activa y las dos se daban largas caminatas "descubriendo" flores en el vecindario. Con cierto brillo en los ojos, me describía los logros diarios de Whitley, como una abuela orgullosa. Un día, Betty mencionó que tenía cita con el doctor.

Tengo una sensación rara en el costado dijo.

Las citas, los análisis, las cirugías y los tratamientos comenzaron muy pronto después de eso, y continuaron durante los siguientes 16 meses.

Cuando fuimos a visitarla, Whitley no podía comprender por qué la señorita Betty tenía que estar sentada todo el tiempo en su silla. O por qué llevaba un pañuelo sobre la cabeza. O por qué el señor Bill parecía estar tan triste. Cuando el estado de Betty fue de mal en peor, dejamos de llevar a Whitley a visitarla.

La última vez que vi a Betty con vida fue en agosto y se refirió con mucha calidez a Whitley. Con voz frágil, me aseguró que Whitley era una niña especial que Dios utilizaría. Las lágrimas corrieron por mis mejillas, mientras asentía con la cabeza. Betty estaba muriendo y aun así me alentaba.

En medio de la agitación que rodea una muerte, Bill, un hombre activo y robusto, comenzó a desmoronarse. Incluso sus hijos se impresionaron con el cambio. Con la partida de Betty, un hombre que siempre había sido una montaña indomable, se convirtió en una concha vacía. Bill y Betty habían desempeñado papeles claramente definidos. Él tomaba las decisiones; ella estaba de acuerdo. Él se llevaba el crédito y ella era feliz por eso. Su ausencia repentinamente revelaba que él había sido la estructura, pero ella había sido los cimientos.

Durante los meses que siguieron a la muerte de Betty, mi esposo y yo invitamos a menudo a Bill a cenar. Era el tipo de hombre que nunca había hervido ni agua, pero tenía buen apetito y apreciaba una comida casera.

Él también disfrutaba con la ávida compañía de Whitley. Al principio, me preocupé por sus muchas preguntas.

¿Está la señorita Betty en el cielo? ¿La extraña? ¿Va a volver a verla algún día?

Pero como el único tema del que Bill quería hablar era Betty, las preguntas de Whitley le abrían una puerta.

Un domingo por la tarde, en octubre, Whitley comenzó a hablar del señor Bill. Quería invitarlo a cenar, pero nosotros teníamos otros planes. Le prometí que lo veríamos pronto, pero eso no la tranquilizó. Estaba preocupada por él.

¿Qué cenó? preguntó con sus ojos color castaño-chocolate muy abiertos. ¿Y si está solo, mami?

Las preguntas continuaron toda la tarde y, para la hora de irse a la cama, empezó a llorar.

¡Quiero hablar con el señor Bill!

A decir verdad, estaba comenzando a irritarme. Desesperada, le sugerí que lo llamara.

Cuando Bill contestó el teléfono, le expliqué, pidiéndole disculpas, que Whitley había insistido en hablar con él. Estaba genuinamente emocionado por la preocupación de la niña. Hablaron brevemente sobre lo que ella había cenado, sobre sus zapatillas nuevas y su leotardo.

Cuando tomé el teléfono, Bill me confió que se había sentado en la oscuridad, sintiéndose muy deprimido. La llamada de Whitley había sido como una "explosión luminosa". Sí, se sentía muy solo. Me avergoncé de que hubiera sido la insistencia de una niña de dos años la que me hubiera hecho llamarlo.

Al día siguiente, Bill sufrió un ataque al corazón. No pudo llegar al hospital.

No puedo contar el número de veces que he recordado las palabras finales de Whitley a Bill.

Adiós, adiós. Te quiero y te veré pronto.

Si sólo nuestros adioses pudieran ser tan dulces.

Jeanine Marie Brown

Buenas noches, dulces sueños, te amo

Mi papá había estado en el hospital durante casi tres meses, sufriendo de un tumor cerebral inoperable y de los efectos debilitantes del tratamiento de radiación que había recibido. Su cuerpo de 76 años no podía tolerar el abuso al que había sido expuesto.

Estaba muy débil cuando ingresó en el hospital, pero durante los primeros dos meses de hospitalización estaba bastante lúcido y esperanzado de recuperarse y volver a su hogar. Sin embargo, también estaba asustado al darse cuenta de que la muerte estaba cerca. Creo que su temor era más por dejar a su familia que por la muerte misma. Pero no pude saberlo con seguridad, porque nunca hablamos de ello y no hubo ocasión de conversarlo. Aunque tuvimos que enfrentar tiempos difíciles a través de los años, algo estuvo siempre muy claro: mi padre amaba a su familia más que a ninguna otra cosa en la vida.

Hacia el final del segundo mes en el hospital, encontraron otro tumor en su cerebro. Los doctores no creían que su cuerpo pudiera tolerar otra serie de radiaciones, pero dejaron la decisión a la familia. Para ese momento, mi papá ya no pensaba con claridad y no podía tomar esa decisión por sí mismo. Así que ésta quedó en mi mamá (su esposa por 52 años), mi hermana, mi hermano y yo. Después de varias conversaciones y muchas lágrimas, decidimos no someterlo al dolor del tratamiento. Había sufrido mucho ya y el pronóstico no era bueno, sólo alargaría su vida por unos cuantos meses, si acaso sobrevivía. Nosotros nunca le hablamos del segundo tumor.

Durante el tercer mes en el hospital, papá dormía mucho y necesitaba ayuda para alimentarse. Cuando hablaba, su voz era tan débil que apenas se le podía entender. Tratamos de conseguir que escribiera sus mensajes y lo intentó, pero no podía escribir de manera legible. Era muy frustrante para él y para nosotros muy triste.

Mi mamá pasaba todo el día con él, pero iba a casa en la noche. Yo iba al hospital casi cada noche y los fines de semana cuando no estaba trabajando. Le daba su cena y simplemente me sentaba junto a él, contándole cosas de la familia o sólo charlando sobre los sucesos del día. Ocasionalmente me respondía, pero cuando decía algo siempre eran unas cuantas palabras que casi nunca tenían sentido. Sin embargo, cada noche, cuando me iba, siempre me decía: "Buenas noches, dulces sueños, te amo". Yo podía comprender estas palabras; se las había repetido a cada uno de sus hijos, cada noche durante nuestra niñez.

Hacia el final del tercer mes, dormía o se quedaba mirando al techo; parecía no comprender mucho lo que sucedía a su alrededor. Las enfermeras le curaban las llagas que había desarrollado, pero él nunca se quejó y ni siquiera reconocía el dolor que deben haberle causado.

Yo trataba de evitar que mi padre me viera llorar, porque no quería alarmarlo o entristecerlo. Pero una noche, cuando estaba sola con él, no pude contener las lágrimas. Le di la espalda, mirando por la ventana del hospital, mientras las lágrimas corrían por mi rostro. Estaba recordando todos los buenos momentos que mi papá y yo habíamos pasado juntos, y también me sentía triste por dejar que pasara tanto tiempo sin decirle lo mucho que había significado para mí, y cuánto lo amaba. También lamenté no haber hablado del tema de la muerte con él. Sé que debe haber pesado mucho en su mente, pero nadie lo mencionó, porque no sabía cómo hacerlo. Yo sabía que ahora él no lo entendería.

Entonces, detrás de mí, escuché la voz de mi padre con palabras claras y precisas:

—No llores, cariño. Yo no estoy llorando. Ya es tiempo de que me dejes ir.—

Pasmada por la claridad de sus palabras y por la fuerza de lo que había dicho, fui hacia su cama y lo abracé, todavía llorando.

Me sostuvo entre sus brazos con la poca fuerza que le quedaba y dijo:

—Desearía haber sido un mejor padre. Quería hacer mucho por ti, por tu hermana y por tu hermano y hubiera querido ser un mejor esposo para mamá.

Ese momento milagroso me dio la oportunidad que pensé había perdido y le dije:

—Yo no quiero dejarte ir jamás, pero entenderé si tienes que hacerlo. No quiero que te preocupes por dejarnos, aunque dejarás un gran vacío en nuestras vidas, porque tú has sido el padre más maravilloso que nadie pudo haber tenido jamás. Has amado a tu familia con una rara intensidad. Y sí, nos ha tocado pasar por momentos difíciles, pero siempre te hemos amado mucho.

Entonces, compartimos varias historias que recordamos, sólo pequeños incidentes, como cuando él me vio comer lodo, siendo una niña. Me dijo que yo no comía cualquier clase de lodo, que tenía que ser el adecuado. Yo recogía varios puños y los tiraba, hasta que encontraba justo el conveniente. Sonreía mientras me contaba esta historia, como lo había hecho cuando la había contado tantas otras veces antes. Hablamos sobre la jaula que nos construyó a mi hermano y a mí para guardar los sapos que habíamos atrapado, y sobre cómo mi hermano y yo siempre molestábamos a mi hermana mayor, cuando comenzó a salir con muchachos. Reímos y lloramos con estos pedazos de nuestras vidas.

Me dijo que no tenía miedo, pero que odiaba tener que dejarnos. Cuando le pregunté si podía hacer algo por él, me dijo:

—Simplemente mantén el amor y a la familia unida.

Después de un rato, me di cuenta de que estaba muy agotado y le di el beso de las buenas noches, aunque no quería que ese momento terminara. Ambos dijimos:

"Buenas noches, dulces sueños, te amo."

Se quedó dormido antes de que yo llegara a la puerta del pasillo.

Dejé el hospital todavía asombrada por lo que acababa de ocurrir, porque al fin pudimos ser capaces de tener una conversación significativa y verdadera, cuando él no había podido comunicarse durante semanas. Era como si hubiera reunido cada partícula de energía y de fortaleza que le quedaba en su cuerpo para lograrlo. Había sido verdaderamente un milagro.

En algún momento durante esa noche, mi padre murió pacíficamente en su sueño. El doctor nos llamó alrededor de las seis de la mañana y nos dijo que debíamos ir al hospital inmediatamente. Todos estuvimos allí en 30 minutos, pero él ya se había marchado. Mirando su cara tranquila, me sentí abrumadoramente triste. Pero también supe que se me había otorgado un regalo extraordinario la noche anterior, cuando mi padre y yo logramos tocar nuestros corazones.

Cuando llegamos a casa de mi mamá, que sólo estaba a

unas cuantas calles, estaba comenzando una tormenta
eléctrica. Todos llorábamos tanto que apenas si notamos la
tormenta. Entonces, repentinamente, por la ventana que
da al exterior, vimos un rayo bajar del cielo a toda
velocidad y golpear el pino que estaba en medio del jardín
delantero, un árbol que mi papá había visto crecer desde
que era un arbusto. Hubo un sonido muy fuerte, mientras
las llamas velozmente consumían el lugar donde el rayo
golpeó el árbol, con un destello increíble. Luego se
extinguió rápidamente. Fue muy espectacular y todos nos
aturdimos por un momento, y dejamos de llorar. Entonces
lo supe. Papá estaba llegando a nosotros por última vez.

Mientras miraba el árbol y las nubes, una abrumadora
sensación de paz me envolvió, al pensar en la
conversación que había tenido con mi padre la noche
anterior, y dije serenamente:

—Sí, eres especial. Buenas noches, dulces sueños, te
amo, papi.

Marilyn S. Dunham

Lazos que unen

En casa de mi Padre hay muchas moradas.
Voy a prepararles un lugar. Ya saben el camino
para ir a donde yo voy.

Juan 14:2, 4

En 1973, cuando mi padre se retiró, comenzó un nuevo capítulo en la vida de mis padres. Mi mamá continuó cuidando de la casa y atendiendo su hermoso jardín, y mi papá se ocupó en su jardín en el patio trasero.

Su vieja costumbre de hacer una gran comida por la noche cambió a una cena temprana en la tarde y a un almuerzo ligero a medio día.

Cuando llegaba a la hora de comer, mi mamá iba a la cocina, preparaba algo y ponía la mesa para dos. Entraba a la sala y decía suavemente: "Ven, pa, el café está listo", y los dos se sentaban juntos para comer y conversar. La vida era buena. Los dos continuaban disfrutándose mutuamente, a los niños y a todos los nietos, y todo lo que tenía que ver con hacerse viejos juntos.

Al pasar los años y al acercarse a los 80, un cambio notable empezó a ocurrir en mi papá. Veíamos cómo el

Alzheimer devoraba lentamente cada pedazo de su vida y de su dignidad. Pero mis padres todavía continuaban viviendo y cuidando el uno del otro, como lo habían hecho durante toda su vida de casados. Una vez más una sombra oscura cayó sobre ellos, cuando mi mamá tuvo una embolia. Afortunadamente, aún podía hablar y su mente seguía aguda como un alfiler. Después de la rehabilitación, caminaba con un bastón y regresó a casa con su familia, todavía cuidando a su esposo, quien la mayor parte del tiempo no sabía realmente quién era. Aun así, su momento de las tardes nunca cambió. Mamá seguía yendo lentamente a la cocina, ponía la mesa para dos, preparaba un refrigerio y decía: "Ven, pa, el café está listo", y él iba, sin saber realmente para qué. Esto continuó durante dos años más. Aunque la mente de mi padre continuaba deteriorándose día tras día, mi mamá ni siquiera pensaba o discutía la posibilidad de internarlo en un hogar de ancianos, pese a que lo único que podía hacer era cuidar de ella misma. Después de todo, cuando te casas, es para estar juntos en la salud y en la enfermedad, hasta que la muerte los separe.

En el verano de 1995, poco tiempo después de su aniversario de bodas número 61, la salud de mi mamá decayó y nos contó de una visión que tuvo una tarde mientras dormía. Había en esa visión la mesa más bellamente puesta que uno pudiera imaginar, flotando sobre su cama. No había comida sobre la mesa, pero estaba puesta para dos. Pensamos que la mesa de su sueño estaba puesta para ella y el Señor.

En agosto, mi mamá enfermó y tuvo que ser hospitalizada. Al día siguiente, mi papá enfermó y también tuvo que ser hospitalizado. El médico de cabecera dijo a mi mamá que no había manera de que pudiera, en su condición, seguir atendiendo a mi padre.

Era inevitable: él necesitaba cuidado permanente. Una semana después, encontraron un hogar de ancianos que aceptaba pacientes con Alzheimer, pero estaba a más de cien kilómetros de casa. Mamá estaba destrozada, pero no teníamos otra opción. Una semana después, mi mamá se fue a vivir con mi hermana. No tomaron más refrigerios juntos por la tarde, ya no le diría que el café estaba listo ni tendrían tiempo para sentarse y disfrutar de su mutua compañía.

Un mes después, mi mamá enfermó gravemente. Pasó su última semana en la tierra en casa con sus hijos, sus nietos y sus bisnietos. Ellos vinieron de cerca y de lejos para estar con la madre y con la abuela que tanto habían amado. Antes de que muriera, pasó toda la noche intranquila y levantando dos dedos. El viernes 29 de septiembre de 1995 se fue para estar con el Señor. Esa tarde, algunos de nosotros fuimos al hogar de ancianos donde estaba mi padre. Nos sonrió como niño travieso, sin reconocer a ninguno. Todos estuvimos de acuerdo en que no serviría de nada llevarlo a la funeraria.

La mañana del lunes 2 de octubre sepultamos a mi mamá. Esa noche, a las ocho, llamaron de la casa de asistencia para decirnos que mi papá había muerto. Era evidente ahora que los dos dedos que mi mamá mantenía levantados significaban que le estaba diciendo al Señor que necesitaba una mesa para dos. Una vez más, se había adelantado para asegurarse de que la hermosa mesa de la que nos había hablado estuviera puesta para dos, para luego llamarlo y decirle: "Ven, pa, el café está listo".

Virginia Jarvis

El milagro del anillo

Donde existe un gran amor siempre existen los milagros.

Willa Cather

No sé por qué ese anillo en particular adquirió tanta importancia para mí. Es gracioso; ¿no es cierto que después de que alguien muere, los objetos cotidianos adquieren un gran significado? Pero la pérdida del anillo de Ronnie de alguna manera aumentó mi dolor. Supongo que Dios sabía eso.

Compré el anillo para mi hijo, Ronald Gene Johnson, cuando tenía 14 años. Estaba grabado con sus iniciales: RGJ. Compré uno para mi esposo también, para que pudieran tener algo semejante. Ronnie se puso el suyo en seguida. "Gracias, mamá", me dijo, dándome un fuerte abrazo. Desde entonces, nunca se lo quitó.

Ronnie era un hijo maravilloso. Amaba los deportes, pero también amaba interpretar a Beethoven en el piano. Era el presidente de su clase, un muchacho popular y admirado, y nunca se avergonzó de abrazarme en público.

Nos sentimos muy orgullosos de él cuando ganó una beca de fútbol en Wichita.

Una noche de octubre, una amiga llegó a mi puerta para decirme que había escuchado en las noticias que el avión que traía al equipo de Ronnie a casa se había estrellado en una montaña de Colorado.

Su cuerpo fue uno de los primeros en ser recuperado, pero el anillo había desaparecido. No recuerdo mucho de aquellos terribles días. Mi hija Vickie Lynn dice que me la pasé preguntando: "Pero, ¿dónde está el anillo?" Era imposible para mí captar que Ronnie se hubiera ido para siempre, junto con todas nuestras esperanzas y nuestros sueños.

Hubo tantos momentos en los que sentía a Ronnie cerca de mí y escuchaba su voz; esperaba darme vuelta y verlo... y algunas veces llegué a pensar que lo había hecho. Pero aquellos momentos disminuyeron y las imágenes se fueron desvaneciendo al transcurrir los meses.

Con el tiempo nuestro dolor disminuyó, pero nunca se fue del todo. Howard dejó de usar su anillo y yo lo entendí. Le hacía sentir más la pérdida. Lo colocó en una caja en el armario.

Los años pasaron, pero siempre que abría el cajón y mi vista se detenía en la caja que contenía un anillo solitario, lloraba sabiendo que en alguna parte existía otro anillo como ése, perdido para siempre, como mi Ronnie.

¿Qué había en ese anillo que me hechizaba? No estoy segura. Quizá porque era precioso y se había escurrido, como la vida de Ronnie. Sólo pensar en él, escondido y enterrado, me preocupaba. Y la imposibilidad de encontrarlo me deprimía.

Una tarde, más de 10 años después del accidente, estaba descansando en la sala cuando sonó el teléfono. La mujer al otro lado de la línea dijo:

—He estado en el lugar del accidente en Monte Trelease y creo que tengo algo que quizá le pertenezca.

¿Qué? ¿Escuché correctamente? Mis ojos se llenaron de lágrimas.

—¡Tiene el anillo de Ronnie! —dije con voz entrecortada.

Hubo un largo silencio al otro lado de la línea.

—Sí —dijo finalmente.

Su nombre era Kathy. "No sé cómo decirle esto", empezó. Me explicó que su esposo era aficionado a la aviación y su interés era investigar los lugares de los accidentes. Habían alquilado un cuarto en un hotel cerca del área y habían contratado a un guía que los llevara a la montaña dos días después. Me dijo que la primera noche en el hotel se despertó de un sueño, sobresaltada, con la imagen todavía fresca en su mente de un joven de cabello rubio que se alejaba de ella.

Mi corazón dio un salto. Ronnie tenía cabello rubio.

El sueño la perturbó tanto que convenció a su esposo de cambiar de hotel. Pero lo mismo sucedió la noche siguiente. Y esta vez, se sintió obligada a seguir al joven en su sueño.

En la mañana, fue con su esposo y el guía a la base de la montaña. No tenía intenciones de subir y hasta había llevado un libro para leer mientras esperaba en la camioneta. Pero cuando su esposo y el guía estaban como a doscientos metros de distancia, una sensación la invadió. "Yo tengo que ir también", pensó.

Era un ascenso difícil, que les tomó como tres horas. Cuando se sentó sobre una piedra para descansar, vio a sus pies algo que brillaba, sobresaliendo del terreno. Se agachó, le quitó la tierra y recogió el anillo.

—Simplemente supe que pertenecía a ese muchacho rubio —me contó.

—Sí —contesté, ahogada por las lágrimas.

Esto fue tan extraordinario e inquietante para Kathy, que tenía que saber más. Así que fue a la estación de televisión local y miró la secuencia sobre el accidente.— ¡Es él! —grité, cuando apareció la imagen de Ronnie. Y así fue como me encontró.

A los pocos días de nuestra conversación, Kathy vino a nuestra casa. Abrí la puerta para recibir a una mujer de rostro hermoso y sereno. Me sonrió con dulzura y buscó en su bolsa. Temblé mientras colocaba el anillo en mi mano. Aunque los años y los elementos lo habían opacado, para mí lucía brillante. Entre lágrimas abracé a Kathy, porque ella era alguien a quien el alma de Ronnie había tocado y eso la convertía en un ser querido.

Supe durante años que tener el anillo me traería paz. Y así ha sido. Supe que fue la manera que Ronnie tuvo para llegar a mí y decirme: "Estoy bien, mamá. Y tú puedes estarlo también". Y fue la manera bondadosa que Dios tuvo para volver a asegurarme que me amaba y que se preocupaba del dolor de una madre, para que sanara.

Aunque siempre extrañaré a Ronnie, supe que, de alguna manera, parte de mi sufrimiento había terminado. Parte de él me había sido devuelto. Al sostener el anillo, observo el destello de luz en las letras, haciendo que recuerdos maravillosos se precipiten en mi mente: todos los cumpleaños de mi primogénito y todas las festividades, las historias que compartimos, fragmentos de conversaciones. Coloqué amorosamente el anillo en la caja, cerca del de Howard. Está seguro ahora.

Kathy mandó colocar una señal al pie de la montaña, en memoria de Ronnie y de las otras jóvenes vidas que se perdieron hace tantos años, y nuestros corazones finalmente pudieron ser consolados.

Ahora, no pasa un solo día sin que piense en Kathy y en su extraordinario regalo. He deseado mucho reunirme con ella de nuevo, pero no he podido seguirle la pista. Parece haber desaparecido con el viento. Algunas veces me pregunto si fue real, o si fue un ángel en una misión del corazón.

Virginia Johnson
Según relato a Meg Lundstrom,
extraído de la revista Woman's World

7

CUESTIÓN DE ENFOQUE

Acostúmbrate a juzgar a las personas y a las cosas de la manera más favorable en todo momento, bajo cualquier circunstancia.

San Vicente de Paul

Una pizca de bondad

La bondad está en nuestro poder, aunque el cariño no lo esté.

Samuel Johnson

Era el domingo después de Navidad y la misa de siete de la mañana estaba empezando. Las personas que llegaban retrasadas y con frío se apuraban a subir por las escaleras laterales y los asientos traseros se estaban llenando de rezagados, a quienes les venía muy bien el calor de los radiadores que había detrás de la última fila.

El pastor auxiliar había comenzado la tradicional celebración y los feligreses estaban muy callados, apenas capaces de participar. Cada uno estaba sumido en su propio mundo. Se había celebrado la Navidad dos días antes y había dejado sentir sus efectos. Hasta los niños estaban quietos. Por el ajetreo de la temporada, todos querían recostarse y descansar. Cuando el padre John comenzó su sermón, vio una multitud mucho más sumisa que la de costumbre. Empezó con una agradable introducción acerca de la temporada de fiestas y su significado. Entonces llevó su sermón un poco más allá y habló sobre la caridad y el amor, y sobre ser buenos con los demás todo el tiempo. Dijo que no podíamos equivocarnos al ser amables. Era una plática que todos habíamos escuchado antes y cada uno de nosotros se sintió satisfecho de haber cumplido con la parte que le tocaba. Luego el padre John hizo una pausa y agregó un nuevo pensamiento para que su rebaño lo analizara; todos nos sorprendimos y despertamos de nuestros ensueños.

Habló de los vagabundos, los indigentes, los pordioseros y los desprotegidos que deambulaban por las calles de la ciudad, dando testimonio de la nueva pobreza. En tono suave, dijo que ellos necesitaban mucha atención. Algunos de nosotros nos retorcimos en nuestros asientos e intercambiamos miradas. Era obvio que teníamos algunas reservas sobre sus declaraciones. Muchos pensábamos en la afluencia de vagabundos hacia la ciudad. Había indigentes que habitaban en los parques, en los centros comerciales y en el centro de la ciudad. La mayoría de los crímenes menores se les achacaban a ellos y, obviamente, no eran vistos con caridad.

La señora Scupp se aterrorizaba de su apariencia y de su aspecto sucio. La semana anterior, un limosnero con barba crecida y envuelto en una manta le había pedido dinero. Sorprendida y asustada, había tirado todos sus paquetes mientras gritaba: "¡No!" Él se había agachado para ayudarla a recoger sus regalos. Entonces, ella encontró algo de dinero en su bolsa y se lo dio. La experiencia la había acobardado y ahora temblaba de sólo pensar en que esto se podía repetir.

El abultado rostro de Joe Walden se torció en una mueca. "Sí, seguro", pensó. "Muéstrale a esta gente una pizca de bondad y arruinarán tu negocio." Al principio no se había quejado de los grupos que tocaban el violín y la guitarra frente a su tienda, pidiendo dinero. Pero los presuntos compradores se sentían incómodos y pasaban de largo. Sus ventas habían bajado y él culpaba a la gente de la calle. ¿Qué estaba sugiriendo este sacerdote? Rió irónicamente para sus adentros.

Margaret estaba tan horrorizada con los andrajosos que estaban en el estacionamiento de la tienda de comestibles, que odiaba ir a comprar ahí y se estremecía sólo de pensar en acercarse a los desprotegidos. Pero ese almacén era el más cercano a casa, así que iba al mediodía, cuando se juntaban muchos otros compradores.

Al se recostó en su asiento y se perdió esta parte del mensaje. Estaba profundamente concentrado en analizar su carrera de policía y en cómo debía manejarla. Su trabajo era recoger a los que perturbaban la paz o molestaban a los demás. El terrible antagonismo que había surgido entre los ciudadanos y estos vagabundos había conducido a muchos arrestos y a ordenarles que circularan. ¿Eso era justificado? Lo asaltó un pensamiento: "¿Hay algo más que yo pueda hacer?" Metió la cabeza en el interior de su abrigo, metió sus manos en los bolsillos y dejó de pensar en ello.

El sacerdote continuó con el sermón, tocando muchos puntos sensibles. Terminó pidiendo a la gente que fuera amable con los menos afortunados, que fuera justa y que tratara a todos de la misma manera en que Cristo lo haría. Dejó el púlpito para continuar la misa, dejando a todos inquietos.

La misa continuó y, al mismo tiempo, un ruido rompió la solemnidad. Algo entre gemido y silbido sonaba una y otra vez. Una risa ahogada corrió por la iglesia. Era un ronquido... muy potente. Las miradas ansiosas hacia el altar comprobaron que el padre no era afectado por el ruido, pero otros sí. Una dama que se encontraba al frente, con un gran sombrero rojo, volteaba para ambos lados buscando al responsable. Tres niños trataban de contener la risa. Su padre intentó calmarlos y a la vez recorrió con la vista a la congregación. A la mitad del pasillo central, hacia la derecha, había una figura encorvada cubierta con una manta: ése era el origen del ruido. Cada vez que se daba un acorde, la manta gris vibraba, mientras el ronquido escapaba de sus confines.

El roncador obviamente no era miembro de la iglesia. Quizás era uno de esos vagabundos que se dirigían al sur, o alguien que había entrado huyendo del frío. Quizás era un pordiosero. Pero algo era cierto: sus ronquidos eran ofensivos. La gente tosía nerviosamente y esperaban el próximo sonido.

—¿Crees que también haya tenido una linda Navidad, mamá?

Los cuchicheos y los codazos identificaron a una niñita que llevaba una nueva chaqueta rosada.

—Dios lo ama también, ¿no es cierto?

Otro barullo siguió cuando su padre, asintiendo, la levantó en brazos. La niña descansó la barbilla sobre el hombro de su padre, contemplando al hombre inerte. La gente se revolvía en sus asientos. Éste era uno de esos pobres de los que había tratado el sermón. ¡Qué pensamiento tan incómodo!

El padre John estaba pronunciando las oraciones finales cuando la niñita se dirigió a su padre con un murmullo teatral, que se elevó de un extremo a otro de la iglesia.

—Papi, ¿podemos compartir nuestra Navidad con él? ¿Me das algo de dinero? No lo despertaré. Te lo prometo.

Hubo un leve susurro y un cierto movimiento, mientras la niña cruzaba el pasillo y dejaba algunos billetes sobre la manta. Al se levantó e hizo lo mismo. Joe Walden fue con su ofrecimiento. Cuando el padre John terminaba de decir misa, otros billetes cayeron sobre la figura que dormía. El padre miró a la señora Scupp colocar cuidadosamente un billete de cinco dólares sobre la manta gris, que ahora estaba repleta de dinero. Margaret se encontró la sonrisa

abierta del padre John, mientras dejaba su donativo.
Una extraña multitud saludó al padre John después del
servicio. El hombre de la manta había tenido un efecto y,
aunque pocas palabras se dijeron, todos se despidieron
del sacerdote con una especial cordialidad. "Esto viene
con la satisfacción de dar", pensó él íntimamente.

Cuando el padre John regresó a la iglesia vacía y caminó
por el pasillo hacia el hombre, vio los billetes
amontonados en los dobleces de la manta gris. Había
mucho más dinero en el piso, alrededor del hombre. El
padre John lo sacudió suavemente. El tipo que roncaba
levantó la cabeza y miró vagamente al sacerdote por un
momento.

—Oh, me quedé dormido, creo. ¿Qué es esto?

El dinero caía a su alrededor, cuando se levantó y tiró la
manta. El sacerdote miró con sorpresa la cara de Chris
Gregory, un bombero y paramédico a quien conocía
desde hacía años.

—Caray, padre John, lo siento mucho.

Mientras Chris se agachaba y contaba el dinero, el
padre John le explicó lo que había sucedido. Entonces,
Chris contó su historia.

Su departamento había recibido tres llamadas de
incendio en la laguna y a lo largo de las vías de ferrocarril.
Había estado trabajando toda la noche. La última llamada
incluía a una chica que estaba a punto de dar a luz. Era
una de ésas que habían buscado el fuego de un hogar que
no estaba disponible. Antes de que pudiera llegar al
hospital, él había ayudado a nacer a su bebé, un niño.
Chris fue al hospital y permaneció allí más tiempo de lo
que pensaba. Había sido una larga noche y se había
detenido para asistir a la misa de la mañana, antes de ir a
dormir.

Había $600.60 en total. El padre John dijo:

—¿Qué te parece si lo dividimos? Yo usaré mi parte

para la sopa de los pobres y tú llevarás el resto a la nueva madre. Va a necesitarlo. Ahora, vamos a desayunar. Y dobla esa manta. No creo que los feligreses quieran saber quién era el hombre de la manta gris.

Jeanne Williams Carey

Bobby: cuando no puedes
ser fuerte por ti mismo

Como médico dedicado al cuidado de niños, tengo la fortuna de presenciar a diario la extraordinaria energía, fortaleza y fe de los físicamente más frágiles entre nosotros. Uno de tales casos tiene que ver con Bobby, un niño de cinco años a quien le habían diagnosticado leucemia cuando tenía apenas cuatro. El cáncer de Bobby había sido controlado, ya no padecía de esa enfermedad, y había venido al hospital para someterse a una serie de pruebas de diagnóstico que eran parte de su tratamiento. Bobby tenía ojos de un azul muy intenso y una tímida sonrisa que a primera vista no revelaba la sabiduría que había adquirido durante ese año de lucha contra el cáncer.

Bobby había perdido todo el cabello como consecuencia del tratamiento de quimioterapia que recibía con regularidad. La quimioterapia a menudo lo dejaba nauseabundo y sin ganas de comer. A Bobby le habían hecho numerosos procedimientos y tratamientos dolorosos y este día no era la excepción. Ahora Bobby estaba siendo sometido a un procedimiento que de hecho le causaba mucho dolor. Había pasado por lo mismo antes, así es que sabía exactamente lo que le esperaba. Le expliqué lo que le íbamos a hacer, y por qué, y la importancia de que permaneciera muy quieto. Bobby me aseguró que no se movería, y me prometió que las enfermeras y tecnólogos que lo atendían no iban a tener que sujetarlo a la camilla.

Antes de empezar, Bobby preguntó:

—Dr. Brown, ¿está bien si recito el salmo veintitrés mientras me pincha?

—Por supuesto, me parece bien —le dije y comenzamos nuestra labor.

Bobby recitó bellamente, sin derramar ninguna lágrima ni moverse. El procedimiento se realizó sin contratiempos. Bobby, con su tierna sabiduría, trataba de tranquilizarme:

—Dr. Brown, eso realmente no me dolió mucho.

Todos sabíamos que sí le había dolido. Entonces Bobby me tomó por sorpresa cuando preguntó:

—¿Dr. Brown, se sabe *usted* el salmo veintitrés?

—Claro que sí —respondí.

—¿Puede decirlo de memoria como yo? —se dirigió a mí, mostrándose un poco dubitativo.

—Vaya, no estoy seguro, pero creo que puedo hacerlo —le dije, al percatarme de que no tenía escapatoria.

—Entonces recítelo en frente de todos —señaló Bobby.

Comencé a pronunciar el salmo equivocándome en cada verso. Mi interpretación fue bastante pobre comparada con la de Bobby, y eso que yo no tenía ninguna aguja clavada en la espalda. Me di cuenta que todos los demás profesionales de delantal blanco que estaban en el sala trataban de escabullirse por miedo a ser los próximos invitados a recitar, una posibilidad mucho más aterradora que la de actuar ante un gran auditorio.

El encantador y calvo Bobby nos dijo a todos:

—Saben, ustedes deberían aprenderse el salmo veintitrés de memoria, porque cuando uno lo recita en voz alta, Dios te escucha y reconforta tu corazón todas las veces que no puedes ser fuerte por ti mismo.

"...Puesto que el reino de Dios pertenece a aquéllos que depositan su confianza en él."

Dr. James C. Brown

En los ojos de Jesús

Nosotros quisimos que nuestro hijo siempre supiera que había sido adoptado. Así que desde que era muy chico, se lo explicamos de manera simple para que pudiera comprenderlo.

—Nos dijeron que yo no podía llevar un bebé en mi barriguita y Jesús lo supo —le conté—. Jesús también supo que había una señora con un bebé en su pancita, pero que no podía ser mamá. Desde el cielo, Jesús vio a este bebé el día que nació. Recordando que nosotros queríamos ser una mamita y un papito, y que la señora no podría ser su mamá, Jesús decidió que el bebé nos perteneciera. Así llegamos a ser una familia.

Un día, cuando veníamos de regreso a casa de la escuela maternal, nuestro hijo me preguntó si había nacido en la pancita de Jesús. Le dije que no y una vez más hablamos de cómo habíamos llegado a ser una familia. Un poco después, le pregunté si tenía alguna duda.

Él me dijo:

—No, ninguna. Ahora recuerdo que no nací en la panza de Jesús. ¡Nací en sus ojos!

Helen Montone

Los ángeles en la Tierra

Con un nombre como Vera Fortune, la gente frecuentemente me hace bromas llamándome Buena Fortuna. Yo misma me siento así, especialmente cuando me acompañan los 14 nietos con los que me ha bendecido Dios.

Los niños, entre los dos y los 14 años, son la luz de mi vida. Disfruto estar con ellos para ver todo lo que hacen, desde las carreras a campo traviesa de Jacob, de 13 años, hasta las funciones de ballet de Danielle y Katie, ambas de siete. Sus sonrisas siempre me hacen sentir afortunada de estar viva.

Pero ahora me siento aún más afortunada. Porque no hace mucho, cuando parecía que mi suerte se había agotado, unos extraños me salvaron en el momento preciso.

Llovía y yo me apuraba para llegar del trabajo a casa de mi hijo Rob para cuidar a sus hijos, Jacob, Michelle y Matthew. En una intersección, vi que un jeep venía por el carril contrario, avanzando hacia mí. "Va a detenerse", pensé.

No sé si el conductor no me vio dar la vuelta hasta que

era demasiado tarde, pero de pronto me di cuenta de que el automóvil no se detendría.

—¡No! —grité con terror cuando nos impactamos. El choque de metal contra metal es todo lo que recuerdo antes de perder el conocimiento. Después, supe que el impacto había hecho que mi automóvil girara fuera de control hacia un campo de hierba.

Me desperté segundos después. Sentí que algo goteaba de mi frente: ¡sangre! Pero mi corazón todavía latía.

—Estoy viva —exclamé con alivio.

Entonces mis ojos empezaron a ver con claridad. A través del parabrisas, vi mucha agua. Con horror, me di cuenta de que mi auto estaba rodando hacia un estanque.

—¡No! —grité de nuevo. Hundí el freno con fuerza, pero un latigazo de dolor recorrió mi pierna. ¡Mi tobillo estaba roto!

Luego escuché la horrenda agitación de las aguas y el automóvil se precipitó sumergiéndose en el estanque.

—¡Dios mío, ayúdame! —exclamé con horror, mientras el agua subía rápidamente por encima de las portezuelas.

"Permanece calmada", me dije. "Quizá es poco profundo. Aun con un tobillo roto, puedes salir de aquí."

Pero cuando jalé la manija de la puerta, ésta no se movió. "¡Escápate por la ventana!", gritó una voz dentro de mí. La bajé, pero el agua se metió y, cuando intenté subirla, la ventana se atascó.

"¿Qué voy a hacer?", pensé, tratando de combatir el pánico que oprimía mi corazón, mientras el agua helada me iba cubriendo lentamente las rodillas y se arremolinaba arriba de mi cintura. Al ver que el agua subía más y más, me di cuenta con horror de que estaba a punto de ahogarme.

"Alguien debe haber visto el accidente", me dije. "La ayuda debe venir en camino." Pero no escuché ninguna sirena ni gente que viniera a rescatarme: sólo la lluvia y el agua que se arremolinaba a mi alrededor. Frenética por escapar, traté de empujar mi cuerpo a través de la ventana que estaba medio abierta. Era imposible. Pero pude estirar mi cabeza justo por encima de la superficie del agua.

—¡Auxilio! —grité.

Repentinamente, el agua cubrió mi boca mientras el automóvil se hundía más. Atragantándome, me deslicé hacia abajo y mantuve la nariz arriba, hacia la última pulgada de aire que quedaba. "¡No me dejes morir!", recé.

Mientras los segundos transcurrían, el agua helada entumecía mis extremidades. "¿Cuánto tiempo pasará antes de que esté muy débil para mantener la cabeza en alto?", me preocupé, con el corazón lleno de desesperación.

De pronto los rostros de toda mi familia pasaron ante mí. Pensé en lo mucho que los extrañaría si me iba ahora. No vería a Kelsey ni a Ellie, de cinco años, entrar al jardín de infantes. Quería estar allí cuando Jessica, de 14 años, aspirante a cantante evangélica, lograra su sueño.

La pequeña Michelle iba a tener un examen para obtener la cinta negra en kárate. "Vas a estar ahí, ¿no es cierto, abuela?", me había preguntado.

—¡No puedo morir! —grité—. ¡Es demasiado pronto!

Cuando enviaba mis plegarias al cielo, Michael Brown, un conductor de camión, vio el jeep chocado. Después de examinar al conductor, quien sólo tenía heridas leves, se preguntó: "¿Dónde está el otro automóvil?"

De pronto vio una luz. Quizá fue sólo un reflejo en mi parabrisas. Quizá fue una señal de arriba, diciéndole dónde buscarme.

Corrió hacia el agua y se zambulló, pero sus botas de trabajo lo jalaron hacia abajo y tuvo que regresar a la orilla.

Pero el destino, o quizá Dios, intervino. Patrick Downey,

un trabajador de United Way, había tomado una ruta diferente a casa esa noche. Y Ken LaPine, director de parques, se había quedado hasta tarde en el trabajo. Fue una bendición que ambos estuvieran en el camino cuando los necesité.

Vieron a Michael en el agua y cuando les gritó: "¡Hay alguien allá abajo!", se quitaron las chaquetas y los zapatos, y se metieron.

Desorientada por el miedo y el frío, no me daba cuenta de los esfuerzos que se hacían para salvarme. Ken trató de abrir la puerta del lado del pasajero, pero estaba cerrada. Patrick tiró con fuerza de la puerta del conductor. Milagrosamente, se abrió y escuché una voz imperativa que me decía: "¡Déme su brazo!"

Estaba muy entumida para moverme. Pero como un ángel, Patrick me alcanzó y con un fuerte tirón me llevó a la superficie. "¡Estoy libre!", dije con voz temblorosa, aspirando grandes bocanadas de aire, llena de felicidad.

Patrick y Ken nadaron hasta la orilla, cada uno sosteniendo uno de mis brazos, y los paramédicos me llevaron a la ambulancia. En el hospital, me trataron de hipotermia, un tobillo destrozado, una costilla rota y heridas en la cabeza.

—Les debo la vida —dije llorando a mis ángeles cuando fueron a visitarme.

Pero después de que regresé a casa para recibir los besos de mis nietos, esas palabras no me parecían suficientes. Así que invité a mis buenos samaritanos a una comida en familia, para que vieran lo mucho que habían hecho por mí. Mientras mis hijos les daban las gracias, Michael, Patrick y Ken, mis héroes, sonrieron orgullosos. Pero cuando 14 niños, uno por uno, pusieron sus manitas en las manos grandes de esos hombres y les dijeron: "Gracias por salvar a mi abuelita", no hubo un solo par de ojos secos.

Creo que Dios colocó a esos hombre en mi camino para salvarme. Y gracias a mis ángeles, ahora puedo llevar el nombre Buena Fortuna con toda propiedad. Se me ha otorgado una segunda oportunidad en la vida con mi familia.

Vera Fortune
Según relato a Steve Baal
extraído de la revista Woman's World

El regalo de Navidad de un marino

Haz lo que puedas, con lo que tengas, en donde estés.

Theodore Roosevelt

Almirante David L. McDonald, USN
Ministerio de Marina
Washington, DC

Estimado almirante:

Esta carta tiene un año de retraso; sin embargo, es importante que la reciba. Dieciocho personas me han pedido que le escriba.

El año pasado, en Navidad, mi esposa, nuestros tres hijos y yo estábamos en Francia, en camino a Niza desde París. Durante cinco miserables días, todo había salido mal. Nuestros hoteles habían sido "trampas para turistas", el automóvil que alquilamos se descompuso; estábamos muy inquietos e irritables, amontonados adentro del vehículo. En Nochebuena, cuando llegamos a un sucio hotel de Niza, no había espíritu navideño en nuestros corazones.

Llovía y hacía frío cuando salimos a comer. Encontramos un pequeño establecimiento vulgarmente decorado para esas fiestas. Olía a grasa. En el restaurante, sólo cinco mesas estaban ocupadas. Había dos parejas alemanas, dos familias francesas y un marino estadounidense, solo. En el rincón, un pianista tocaba con indiferencia música de Navidad. Yo era muy obstinado, estaba demasiado cansado y me sentía muy desdichado para salirme de ahí. Miré a mi alrededor y noté que los otros clientes estaban comiendo en absoluto silencio. La única persona que parecía estar feliz era el marino estadounidense. Mientras comía, estaba escribiendo una carta y una ligera sonrisa cubría su cara.

Mi esposa ordenó nuestra comida en francés. El mesero trajo comida distinta a la encargada, así que regañé a mi esposa por ser una estúpida. Ella comenzó a llorar. Mis hijos la defendieron y me sentí aún peor. Entonces, en la mesa donde estaba la familia francesa, a nuestra izquierda, el padre abofeteó a uno de los niños por una falta menor y el niño comenzó a llorar. A nuestra derecha, una mujer alemana, gorda y rubia, comenzó a reprender a su esposo.

Todos fuimos interrumpidos por una desagradable ráfaga de aire frío. Por la puerta de enfrente entró una anciana florista francesa.

Vestía un abrigo andrajoso del que chorreaba el agua y un par de zapatos gastados y muy mojados. Llevaba su canasta de flores, e iba de mesa en mesa.

—¿Flores, *monsieur*? Sólo cuestan un franco.

Nadie le compró ninguna. Fatigada, se sentó a una mesa entre el marino y nosotros. Dijo al mesero:

—Dame un plato de sopa. No he vendido una flor en toda la tarde.

Bruscamente le dijo al pianista:

—¿Te puedes imaginar, Joseph, sopa en la víspera de Navidad?

Él señaló su plato de propinas vacío.

El joven marino terminó su comida y se levantó para salir. Se puso su abrigo y caminó hacia la mesa de la florista.

—¡Feliz Navidad! —le dijo sonriendo; tomó dos ramilletes y le preguntó—: ¿Cuánto cuestan?

—Dos francos, *monsieur*.

Aplastando uno de los pequeños ramilletes, lo metió dentro de la carta que había escrito y luego le entregó a la mujer un billete de 20 francos.

—No tengo cambio, *monsieur* —dijo ésta—, iré a cambiarlo con el mesero.

—No, señora —le contestó el marinero, inclinándose y besando su anciana mejilla—. Éste es mi regalo de Navidad para usted.

Enderezándose, se acercó a nuestra mesa, sosteniendo el otro ramillete frente a él.

—Señor —me dijo—, ¿me permite ofrecer estas flores a su bella esposa?

Con un movimiento rápido, le dio a mi esposa el ramillete, nos deseó feliz Navidad y se marchó.

Todos habían dejado de comer. Todos estaban mirando al marino. Todos estaban callados. Pocos segundos después, la Navidad estalló en todo el restaurante como una bomba.

La anciana florista brincaba, agitando el billete de 20 francos. A saltos se dirigió al centro de la pista, donde ejecutó un alegre paso de baile y luego le gritó al pianista:

—Joseph, mira mi regalo de Navidad, y la mitad es tuya para que puedas tener una fiesta también.

El pianista comenzó a tocar "El buen rey Wenceslao", percutiendo las teclas con manos mágicas, al mismo tiempo que movía la cabeza al ritmo de la música.

Mi esposa agitaba su ramillete siguiendo la melodía. Estaba radiante y parecía 20 años más joven. Las lágrimas habían desaparecido de sus ojos y las comisuras de sus labios se volvieron hacia arriba formando una sonrisa.

Comenzó a cantar y nuestros tres hijos se le unieron, vociferando la canción con desinhibido entusiasmo.

—*Gut, gut** —gritaron los alemanes. Se pararon en la silla y comenzaron a cantar en alemán. El mesero abrazó a la florista. Agitando los brazos, cantaron en francés. El francés que había abofeteado al niño llevaba el ritmo golpeando el tenedor contra una botella. El chico se subió en sus piernas y empezó a cantar con voz juvenil de soprano.

Los alemanes ordenaron vino para todos. Lo llevaron ellos mismos a las mesas, abrazando a los otros clientes, gritando felicitaciones navideñas. Una de las familias francesas ordenó champaña y fueron mesa por mesa, besándonos a cada uno en ambas mejillas. El propietario del restaurante comenzó a cantar "La primera Navidad" y todos nos unimos a él, la mitad de nosotros llorando.

La gente se amontonó desde la calle y muchos de los clientes permanecieron de pie. Las paredes vibraban cuando manos y pies llevaban el ritmo de los villancicos. Pocas horas antes, unas personas estaban pasando una mísera tarde en un vulgar restaurante. Terminó siendo la más feliz, la mejor Nochebuena que habían vivido.

Es por esto, almirante McDonald, que le estoy escribiendo. Como máxima autoridad de la Marina, debe conocer el muy especial regalo que la marina de los Estados Unidos le dio a mi familia, a mí y a las otras personas que había en ese restaurante. Su joven marino llevaba el espíritu de Navidad en su alma, e hizo renacer el amor y la alegría que se habían sofocado en nuestro interior, a causa del enfado y la desilusión.

Él nos devolvió la Navidad para siempre.

Muchas gracias
Feliz Navidad
William J. Lederer

---

*N. del T.: vocablo alemán que significa "¡Bien!"

Eligiendo a un buen ministro

Querida Abby:

Una de las tareas más difíciles que enfrenta una iglesia es elegir a un buen ministro. Un miembro de una junta oficial que tenía que cumplir con este angustiante proceso, finalmente perdió la paciencia. Acababa de presenciar cómo el comité de relaciones pastorales rechazaba solicitante tras solicitante, por alguna falta menor... real o imaginaria. Era el momento de que el mismo comité se hiciera un examen de conciencia. Así que ese hombre se levantó y leyó esta carta, dando a entender que era de un solicitante.

Caballeros: Entiendo que su púlpito está vacante y me gustaría solicitar el cargo. Lleno con muchos de los requisitos. He sido un predicador con mucho éxito y también he tenido algunos triunfos como escritor. Algunos dicen que soy un buen organizador. He sido líder en la mayoría de los lugares en donde he estado.

Tengo más de 50 años de edad y nunca he predicado en un lugar por más de tres años. En algunos lugares, he dejado el pueblo después de que mi trabajo ha ocasionado disturbios y levantamientos. Debo admitir que he estado en la cárcel tres o cuatro veces, pero no a causa de alguna fechoría.

Mi salud no es muy buena, aunque todavía hay muchas cosas que puedo llevar a cabo. Las iglesias en las que he predicado han sido pequeñas, aunque han estado ubicadas en varias ciudades grandes.

No me he llevado muy bien con los líderes religiosos de los pueblos donde he predicado. En realidad, algunos me han amenazado y hasta me han atacado físicamente. No soy muy bueno para llevar registros. Se me conoce por olvidarme de los que he bautizado.

Sin embargo, si pueden utilizarme, prometo hacer mi mejor esfuerzo.

El miembro de la junta se dirigió al comité diciendo:

—Bueno, ¿qué piensan ustedes? ¿Lo llamamos?

¡Las honorables personas de la iglesia estaban pasmadas! ¿Considerar a un enfermizo, buscapleitos, distraído, ex presidiario? ¿Estaba loco el miembro de la junta? ¿Quién firmaba la solicitud? ¿Quién había tenido esa colosal desfachatez?

El miembro de la junta los contempló a todos con agudeza, antes de replicar:

—Está firmada por el apóstol Pablo.

Autor desconocido
De Dear Abby
Remitido por Jean Maier

$\overline{8}$

VENCIENDO OBSTÁCULOS

Y mirándolos Jesús fijamente les dijo: "Es imposible para los hombres, pero no para Dios, pues a Dios todo le es posible.

Mr. 10:27

Sé que Dios no me dará nada que no pueda manejar. Sólo espero que no tenga tanta confianza en mí.

Madre Teresa

Un lugar preparado por Dios

El Señor guardará tu partida y tu regreso, desde ahora y por siempre.

Sal. 121:8 NIV

Los azulejos verdes del piso del baño enfriaron mi piel ardiente. Me recargué, sentada, contra la pared, con las rodillas dobladas, sosteniendo mi Biblia, con los brazos cruzados. Me pregunté de dónde había venido ese miedo; era tan desgastante que me había enviado al baño de un motel desconocido, escondiendo mi tormento para que mis hijos, que dormían en la habitación contigua, no se percataran.

Hasta ese momento, lo había hecho bastante bien. Habíamos superado un divorcio triste y, de algún modo, Dios me había dado la fortaleza necesaria para llevarme a mis pequeños hijos a través del país, a una nueva casa, a un nuevo trabajo y a una nueva vida. Me había sentido competente y hasta emocionada.

Pero ahora, en medio de la noche, en medio de ninguna parte, me veía a mí misma como lo que en realidad era: una mujer sola. Y en peligro.

El peligro no era amorfo. Tenía un nombre: el desierto de Mojave. Y estaba justo al otro lado de la puerta.

Había conducido durante tres días, atravesando todo el sur, en el bochornoso calor de julio. Mi pequeño automóvil y yo teníamos muchos kilómetros recorridos y experiencia dentro de las bandas de nuestros ventiladores, pero todavía íbamos traqueteando por allí. Sin embargo, el viaje que había comenzado tan lleno de esperanza ahora se había vuelto amargo. Quizás era la monotonía de los días manejando sin descanso. Durante el último día, en particular, todos los temores que me habían acosado en los recientes y difíciles meses encontraron mucho tiempo para viajar conmigo en el automóvil.

Mientras nos acercábamos al desierto de Mojave, nuestro último trayecto difícil antes de llegar a California, me di cuenta del peligro que enfrentábamos y de lo vulnerable que yo era.

Había escuchado un sinfín de historias de horror: radiadores que se quedan secos, llantas pinchadas, sol implacable que tuesta la piel delicada, el completo aislamiento de la larga franja de asfalto que corre a través de la rocosa desolación. Horas enteras sin baño, sin agua... sin nada. Sin ayuda.

Eso era lo que más me asustaba. Si teníamos algún problema, ¿quién nos ayudaría? ¿Cómo podría proteger a mis hijos si sucedía lo peor? Ellos dependían de mí y, por primera vez en mi vida, yo no tenía... a nadie.

Viví todo por adelantado, allí en el piso del baño de nuestro cuarto de motel.

"¡Esto es ridículo!", me dije a mí misma. "¡Tienes que dormir! Tu única esperanza es levantarte a las cinco, cruzar lo más que puedas del Mojave antes de la llegada del implacable sol. ¡Sobreponte! ¡Recupera el control!"

Pero no podía. Sentía como si todos los demonios del desierto me persiguieran.

Percatándome de la Biblia que tenía en la mano, me di cuenta de que no había tenido tiempo para realizar la devoción del día. Casi mecánicamente, la abrí con mi separador, pasando rápidamente los versículos en los que me había quedado, en alguna parte del Apocalipsis. "Veamos... capítulo 12", comencé a leer. "Ah, sí, la mujer y el dragón"... Un pasaje familiar. La escena del dramático rescate de un niño, arrebatado para Dios y su trono.

Leí: "La mujer escapó hacia el desierto a un lugar preparado por Dios, donde se harían cargo de ella..."

Me enderecé, con el corazón acelerado. *La mujer escapó hacia el desierto a un lugar preparado por Dios.*

En un sentido muy real, yo era una mujer en fuga. Buscaba un lugar seguro, huyendo por el desierto. Las palabras estaban vivas en mí, como si las estuviera escuchando, no leyendo.

¿Podría ser que no estuviera sola? ¿Que mi Padre celestial ya estuviera allí, en ese paisaje aterrador, preparando un lugar para mí?

En un abrir y cerrar de ojos, el desierto ya no era una amenaza siniestra a nuestra seguridad, sino un puerto para encontrar refugio. El miedo que sentía en la garganta se disipó lentamente, mientras estaba sentada allí, con los ojos cerrados, junto al retrete, abrazando mi Biblia.

Al poco rato, yo también me preparé para dormir y lo hice profundamente.

Mis nervios estaban serenos cuando sonó el despertador. Levanté a los niños, preparé el desayuno y cargué el automóvil. Sería un largo día de 16 horas detrás del volante. Estaba agradecida por la confianza que había recibido la noche anterior. Esa seguridad no se sentía tan inmediata esa mañana. Pero quería creer que el desierto sería un lugar donde "se harían cargo de mí". Respiré profundamente y arranqué.

Viajamos en la oscuridad durante una fresca hora.

Luego salió el sol, totalmente sofocante. No se veía ninguna nube ni otro automóvil en ese momento. Miré una vez más los instrumentos y el manómetro en el tablero. La temperatura se mantenía bien, pero las palmas de mis manos estaban un poco sudorosas. Coloqué el dorso de mi mano contra el parabrisas. Ya estaba caliente. "¡Gracias, Señor, por el aire acondicionado! Por favor, haz que nuestro pequeño automóvil siga andando. Por favor cuida de nosotros." "...Un lugar preparado por Dios, en el que se harían cargo de ella..." Recordé las palabras nuevamente dentro de mi corazón.

Casi inconscientemente al principio, me percaté de que una sombra había caído sobre el automóvil. Sin importar las vueltas o las curvas del camino, la sombra giraba y daba vuelta con nosotros. El cielo estaba perfectamente azul y claro, con excepción de esta pequeña nube, cuya sombra seguía a nuestro vehículo como si fuera a control remoto.

Después de un par de horas, nos detuvimos en un oasis donde se vendía gasolina en esa inmensa extensión. Podía ver la nube como un amigo paciente, esperándonos en la carretera. Reanudamos nuestro viaje y la sombra nos protegió una vez más. Bajo su amparo viajamos durante otras dos horas. Yo me relajé. Me reí en voz alta con deleite con aquél que estaba haciéndose cargo de mí.

Cuando la carretera nos condujo de regreso a la civilización, nuestra nube se convirtió en una de tantas. Desapareció sin que yo me diera cuenta. Pero su presencia permaneció conmigo, desde ese día en adelante. Pienso que habito en un lugar preparado para mí, en el que se harán cargo de mí. Y ya no tengo miedo.

Catherine E. Verlenden

La medicina

*P*or lo tanto, yo les digo: no se preocupen por su
vida... ya que su Padre celestial sabe lo que
necesitan.

Mat. 6:25, 32

En septiembre del año en que nació mi segundo hijo, mi
esposo y yo nos mudamos de un pueblo pequeño a una
gran ciudad. Éramos jóvenes y no teníamos dinero, así
que alquilamos un remolque y nos quedamos en el
bosque, justo en los límites de la ciudad.

Mi hijo Steve nació prematuramente, pesando menos
de dos kilos. Esos bebés tan pequeños requieren cuidado
especial, muy costoso. Con la enorme cuenta del hospital,
sumada al costo de la mudanza, me preguntaba cómo
íbamos a pagar esa deuda tan grande. Pero sabía que, con
la ayuda de Dios, de alguna manera saldríamos adelante.

Nuestra nueva casa era pequeña y estaba aislada, pero
a mí me encantaba. Los árboles desplegaban sus
hermosos colores y nuestros únicos vecinos eran las
ardillas y los mapaches. Hasta me gustaban las largas
caminatas a la tienda, aunque había que andar kilómetro

y medio hasta el camino principal, medio kilómetro más hasta el teléfono público, y otro tanto al almacén, haciendo un viaje de ida y vuelta de seis kilómetros. Yo colocaba a mis bebés en su cochecito y me lanzaba a una aventura para comprar leche y pan, sin saber qué pájaros silvestres o animales pequeños nos encontraríamos en el camino.

Una mañana, a principios de diciembre, me desperté a un nuevo mundo. Durante la noche, una súbita tormenta de nieve había transformado nuestro bosque en un encanto mágico, en el que montones ondulantes de nieve espesa cubrían completamente las cercas y donde resplandecientes cristales de hielo adornaban los árboles. Me apuré a despertar a mis hijos para mostrarles la belleza del invierno. Mi hija de dos años, Evelyn, ya estaba despierta y ansiosa de que la vistiera, pero cuando toqué a mi pequeño hijo, estaba ardiendo en fiebre.

Con súbito temor, me di cuenta de lo aislados que estábamos. No teníamos teléfono, estábamos a más de tres kilómetros de la persona más cercana que podía ayudarnos y, lo peor, nuestro camino estaba en propiedad privada; los quitanieves no vendrían.

No era posible llevar a dos niños a través de esos bancos tan profundos de nieve. Si tan sólo tuviera un trineo o un tobogán para llevarlos a una parada de autobús; si tan sólo mi esposo estuviera aquí; si tan sólo los autobuses estuvieran funcionando; si tan sólo... No era posible llevar a mi bebé con el doctor. No había nada que pudiera hacer. Sentí un nudo de miedo apretándose más y más en la boca de mi estómago.

Me arrodillé para rezar.

—Querido Señor —dije—, por favor, ayúdame. Tengo tanto miedo por mi bebé y no sé qué hacer.

Mientras esperaba una respuesta, comencé a darme cuenta de que estaba enfocando el problema de manera equivocada. No era necesario llevar al bebé con el doctor, sólo era necesario traer el conocimiento y la medicina del doctor al bebé. Podía telefonearle y pedirle una receta con la medicina adecuada. Más tranquila, comencé a prepararme para la larga caminata hacia el teléfono. Me estaba poniendo las botas cuando escuché que tocaban a la puerta. No imaginaba quién podría ser. La única persona que sabía que estábamos allí era mi esposo y él estaba fuera del pueblo. Abrí la puerta y, para mi asombro, vi al hombre que entregaba leche en la tienda del camino. No sabía su nombre, pero lo había visto allí varias veces y había hablado con él en una o dos ocasiones al pasar. Sonrió y me dijo:

—Hola, ¿necesitan leche?

Sorprendida, le dije que sí y abrí la puerta para dejarlo pasar. Él prosiguió:

—Por poco no vengo a trabajar hoy, pues es un asco allá afuera —movió su brazo para incluir el bosque, la nieve y la carretera—. Pero no podía dejar de pensar en usted y en estos bebés que estaban tan apartados y sin leche, así que decidí hacer la entrega al pequeño almacén de todas maneras. Entonces pensé que podía traerle la leche hasta acá, ya que no estaba demasiado lejos. Si me permite, está más retirado de lo que pensaba, con la nieve tan profunda y todo eso. Casi me agotó. Espero que no le importe que me siente y descanse un minuto antes de regresar.

Le serví una taza de café y me aseguré de que estuviera cómodo. Entonces le hablé acerca del bebé y terminé diciendo:

—Sé que usted es la respuesta a mi plegaria. Si se quedara con los niños mientras voy a telefonear al doctor, no tendría de qué preocuparme. Tenía miedo de dejarlos solos, pero hasta que usted llegó, pensé que no tenía elección.

Él lo pensó durante un minuto, asintió y dijo:

—Yo tampoco podría dejarlos solos. Será mejor que se vaya —sonrió y agregó—: Me alegra haber formado una senda para usted.

Al cerrar la puerta, escuché a Evelyn pronunciar sus palabras favoritas: "¿Me lees?"

Aun con una senda allanada, me tomó casi una hora llegar al camino, porque resbalé y caí varias veces. Estaba exhausta cuando llegué al teléfono. Pero el Señor estaba conmigo. Localicé al doctor al primer intento. Recordó al bebé y se dio cuenta de inmediato de que se trataba de un problema serio para un niño tan frágil. Después de un cuidadoso interrogatorio, determinó que Steve tenía una infección en el oído. Me aseguró que los antibióticos modernos pondrían rápidamente esta infección bajo control.

—Pero —me advirtió— debe darle la medicina tan pronto como le sea posible. Mañana podría ser demasiado tarde. Así que llamaré a la farmacia y les diré que se la preparen ahora mismo. Esto es algo nuevo y puede ser algo caro, pero creo que el caso lo amerita. ¿Cuál es el nombre de la farmacia más cercana?

Le dije el nombre de una gran compañía que había visto en un centro comercial, a varias millas de distancia, y añadí:

—¿Cuánto cree usted que pueda costar?

Dijo un precio tan alto que me quedé petrificada. ¿Dónde podría conseguir tanto dinero? Balbuceé las gracias y colgué el teléfono mientras mi mente daba vueltas, intentando descubrir cómo obtener el dinero.

No conocía a nadie en la ciudad. Busqué en el directorio y llamé a varias instituciones de caridad, pero todas parecían tener el mismo requerimiento.

Me decían:

—Venga al centro y llene una solicitud, entonces veremos si es aceptada. Si siente que no puede esperar, lleve al niño al hospital del condado.

¿Dónde? Al otro lado de pueblo, por supuesto.

Para ese momento estaba a punto de sentir pánico. Sólo me quedaba una moneda para el teléfono y todavía no tenía idea de dónde conseguir el dinero o qué hacer. Entonces se me ocurrió que existía una manera para conseguir la medicina, sin tener que pagar por ella. Podía esperar hasta que el almacén cerrara, entrar por la puerta trasera y robarla. No habría forma de que tomara otra medicina, ya que tendría el hombre de mi bebé.

Nunca había robado antes. Sabía que robar era pecado, algo que Dios nos había prohibido específicamente hacer. Pero tenía que conseguir la medicina, si quería que mi bebé sobreviviera. Seguramente Dios me perdonaría. Recé:

—Querido Señor, por favor oriéntame. No quiero robar, pero lo he intentado todo y no existe otro camino.

Entonces escuché una voz, tan calmada y tan clara como si alguien estuviera de pie junto a mí.

La voz dijo:

—A no ser que te la den...

¿Dármela? La idea era tan ridícula, que casi me río en voz alta. Mas simplemente respondí:

—Sí, Señor, voy a pedírsela.

Francamente no creía que una gran farmacia diera una medicina cara a una desconocida, pero hasta que no se la pidiera, no podía decir que lo había intentado todo de veras.

Usé mi última moneda y llamé a la farmacia. Cuando el farmacéutico contestó, le dije quién era y le pregunté si había recibido una receta de mi doctor. Él confirmó el pedido y agregó que ya estaba listo. Respiré profundamente y me preparé para el rechazo.

—Usted no me conoce —dije al teléfono—, pero vivo a pocas millas de aquí, en un remolque estacionado sobre

Sovereign Road. No tengo dinero, pero mi bebé está muy enfermo. Si me permitiera quedarme con la medicina ahora, se la pagaré en cuanto pueda.

El farmacéutico me dijo:

—Está bien. ¿Puede venir a recogerla o desea que se la enviemos?

—¿Me la pueden enviar? —pregunté aturdida.

—Ah, sí —contestó—. Tenemos a un joven aquí que vino a trabajar hoy en un jeep con tracción en las cuatro ruedas. Me preguntaba por qué había traído el jeep hoy, pero ahora ya lo sé.

—¡Gracias a Dios! —grité.

—Sí —el farmacéutico estuvo de acuerdo—. Nosotros también le agradecemos a menudo a Dios.

Después de darle las gracias y colgar el teléfono, me quedé allí, parada en medio de la nieve, maravillada y llena de asombro, alabando a Dios. Creo que acababa de experimentar lo que se llama la "asombrosa gracia".

Esta era la primera vez que estaba consciente de la mano de Dios en mi vida, pero ciertamente no fue la última. No he tenido un camino fácil, pero cada vez que he llegado al punto en el que pensaba que los problemas eran tan grandes que no podía seguir adelante, alguien ha llegado a ayudarme a sobrellevar los desafíos más abismantes. No siempre he sabido quiénes son, pero sí quién los envió.

Jeanne Morris

El más lleno de bendiciones

Le pedí a Dios fuerza, para triunfar;
me hizo débil, para que aprendiera la humildad de
 obedecer.
Le pedí salud, para poder hacer grandes cosas;
me dio la enfermedad, para que hiciera cosas mejores.
Le pedí riquezas, para ser feliz;
me dio la pobreza, para que fuera sabio.
Le pedí poder, para recibir las alabanzas de los hombres;
me hizo vulnerable, para que sintiera la necesidad de
 Dios.
Le pedí todas las cosas, para disfrutar la vida;
me dio la vida, para que pudiera disfrutar todas las cosas.
No obtuve nada de lo que le pedí,
pero sí todo lo que deseaba.
Casi a pesar de mi mismo,
mis plegarias sin pronunciar fueron escuchadas.
Yo soy, entre todos los hombres,
el más lleno de bendiciones.

Soldado confederado anónimo

La sorpresa del Día de Acción de Gracias de la señora B.

Todd Zimmerman no estaba muy feliz de trabajar el día de acción de gracias. Como uno de los cinco miembros del reducido personal de planta de la Oficina de Asistencia EBT (la alternativa del Estado para los cupones de alimentos) del estado de Maryland, la mañana parecía alargarse. Ya cercana la hora del almuerzo, era difícil no fantasear sobre el festejo que su familia estaba preparando y sobre las risas y las historias que se contarían en él.

Antes del descanso para ir a almorzar, entró una llamada de una anciana que estaba obviamente desconsolada.

—Estuve en la tienda de comestibles para comprar alimentos, ¡pero mi compra no fue aceptada!— dijo—. El dependiente me dijo que la transacción había sido negada.

Todd sabía qué preguntas hacer y no pasó mucho antes de que localizara el problema: la tarjeta temporal de la mujer estaba vencida. Al parecer, ella no había entendido que tenía que obtener una tarjeta permanente.

—Ay, pero... ¡pero tampoco he cobrado mis $10 de

octubre! Los dejé a propósito a cuenta para juntarlos con estos $10 gastarlos en una cena del Día de Gracias.

—Lo siento —le dijo Todd amablemente—. ¿Tiene comida en la casa?

—No... no realmente. Estaba ahorrando para hoy. Verá, mi familia esperaba venir y yo quería ofrecerles una rica comida. Pero algo surgió y no pudieron venir —había un temblor en su voz—. Creo que es mejor así.

Después de que ella colgó el teléfono, Todd no se la podía quitar de la mente. Se daba cuenta de que, a causa del error, esta mujer, a la que sólo conocía como señora B., no sólo estaría sin compañía, sino tambien con hambre el Día de Acción de Gracias, y todo por $20. Con determinación y su tarjeta de crédito a la mano, Todd llamó a la tienda de comestibles donde se le había negado la transacción a la mujer.

—Lo sentimos —le dijeron—, no se aceptan pedidos por teléfono.

Y no entregaban a domicilio, y tampoco podían hacer una excepción, menos ese día. Ellos también tenían poco personal y más clientes de los que podían atender.

Llegó la hora del almuerzo y a Todd de pronto no le importó comer en una cafetería. Dos de sus compañeros de trabajo, Kim Twito y yo, almorzamos con él y juntos prometimos hacer lo que pudiéramos para resolver el problema de la señora B.

De regreso a la oficina de asistencia, dejamos que nuestros compatriotas, Julie Simon y Mark Liessmann, participaran del dilema. Trabajando juntos, pensamos que seguramente podríamos atender los teléfonos, mientras encontrábamos una cena de Día de Acción de Gracias para la señora B.

Desafortunadamente, para entonces casi todas las tiendas de comestibles en el condado de la señora B. estaban cerradas o a punto de cerrar. Ninguna entregaba pedidos.

Agotando las páginas amarillas, uno de nuestros compañeros pensó en Chesapeake Beef, una tienda de comestibles con la que teníamos un gran volumen de trabajo y una buena relación.

Chesapeake Beef estaba cerrado por ser día de acción de gracias.

—Los propietarios, Stas y Mary Witezak, son gente muy buena —dije—. Pueden saber de un almacén local que esté abierto. Les apuesto que nos les importará que los llame a casa, aunque sea día de fiesta.

—Lo siento,—dijo Mary—, no sé de ninguna tienda que pueda estar abierta. Pero, ¿sabes qué? tengo una idea mejor. Por lo que dices, parece que la señora B. vive como a 25 kilómetros de aquí. Nosotros ya terminamos de cenar, ¡pero todavía tenemos suficiente comida! Vamos a llevarle el Día de Acción de Gracias hasta su casa. Pondré a los niños a que hagan una tarjeta especial, mientras Stas y yo reunimos la comida. Ah, pero por favor, háganle saber que alguien va a llegar. Somos extraños e inesperados y no queremos asustarla.

Eso fue más fácil pedirlo que lograrlo. No teníamos el número telefónico de la señora B. y tampoco estaba en el directorio. Sin embargo, la operadora estuvo dispuesta a llamar a la señora B. y pedirle que devolviera la llamada a Todd, al centro de asistencia.

Cuando una confundida señora B. llamó, Todd simplemente le dijo que unos amigos iban a ir a su casa con una sorpresa.

Varias horas después, Stas Witezak llamó:

—Muchas gracias por dar a nuestra familia la oportunidad de hacer una diferencia en la vida de alguien —dijo—. La señora B. apreció mucho la comida, pero lo que realmente la conmovió fueron las tarjetas que los niños hicieron. Casi lloró cuando las leyó. Su respuesta fue preguntar si podía abrazarlos y ellos felizmente accedieron.

La señora B. llamó también. Agradeció a todos los involucrados en su sorpresa del Día de Acción de Gracias. Cuando nuestro turno terminó, los cinco que habíamos ido renuentemente a trabajar ese día nos despedimos con una sonrisa. Aunque no lo dijimos, todos estábamos recordando las palabras de la señora B.:

—¡Siempre he sido cristiana, pero ahora sé con seguridad que existe un Dios!

—¡Feliz Día de Acción de Gracias! —dijo Todd cuando nos separamos.

Y realmente, había sido el Día de Acción de Gracias más feliz de todos.

Suzanne L. Helminski

La historia de Raoul Wallenberg

Dios ayuda a los valientes.

J. C. F. von Schiller

Soy fotógrafo profesional. Mis oficinas en Nueva York están a sólo tres calles de las Naciones Unidas, donde hay señales que indican: "Paseo Raoul Wallenberg". Quienes han oído hablar de Wallenberg piensan en él como alguien que salvó cerca de 100.000 vidas en Budapest, Hungría, en los últimos siniestros días de la Segunda Guerra Mundial. Para mí, Raoul Wallenberg no sólo *salvó* vidas, también dejó una marca en aquéllos que salvó. Yo lo sé. Dejó una profunda huella grabada en mi corazón y en mi mente, una que ha dado forma a mis pensamientos y a mis acciones desde entonces.

Me encontré con Wallenberg por primera vez el 17 de octubre de 1944, cuando yo era un hombre joven. Para entonces, los nazis habían "limpiado" el campo húngaro de judíos; más de 430.000 hombres, mujeres y niños habían desaparecido, a un promedio de 12.000 por día, y no volvió a saberse de ellos. Ahora, en los días finales de la guerra, los nazis se preparaban para exterminar a la última población importante de judíos que estaba viva en Europa: los de Budapest.

Raoul Wallenberg, un joven arquitecto sueco, había sido enviado a Budapest en julio con el único propósito de salvar vidas. Trabajaba a través de la embajada sueca, aunque nunca se había preparado como diplomático. Había estado en el negocio de importación y exportación, y sabía cómo moverse por Europa. Sus armas eran su ingenio, su determinación y una creencia en el mérito de cada vida humana, hasta el punto de arriesgar la suya a cambio.

Yo había crecido aprendiendo de mi padre el oficio de la fotografía. Fui nombrado por la corte de los Habsburgo fotógrafo personal del regente húngaro, el almirante Miklos Horthy, y fotógrafo de la alta sociedad en Budapest. El almirante Horthy nos dio una exención personal de las leyes impuestas a los judíos. El 15 de octubre, cuando las Cruces Flechadas (los nazis húngaros) tomaron el gobierno, todas las exenciones se cancelaron. A través de mi padre conocí a uno de los diplomáticos suecos, Per Anger. Sabiendo que mi vida estaba en peligro inmediato, me dirigí a la embajada sueca. Contra todas las probabilidades, logré abrirme paso entre la multitud que pedía ayuda y fui admitido.

Le expliqué a Per el aprieto en el que me encontraba.

—Déjame presentarte a alguien —me dijo. Se asomó a la puerta—. ¿Raoul? Raoul Wallenberg entró. Era un hombre joven, de unos treinta años aproximadamente, delgado, con cabello castaño. Daba la impresión de ser un hombre práctico; parecía el eje de tranquilidad en un mundo que se había vuelto loco. Per le dijo:

—Éste es Tom Veres, un fotógrafo amigo mío. Podría ser útil.

Wallenberg contestó:

—Bien. Serás mi fotógrafo. Documentarás el trabajo que estamos haciendo. Te reportarás directamente conmigo.

Ambos elaboraron los papeles oficiales necesarios, en ese mismo momento.

Mucho de mi tiempo lo invertía tomando fotografías para los *schutzpasses* (pasaportes) que Wallenberg emitía por miles. En ellos se manifestaba que el portador tenía permiso de ir a Suecia después de la guerra y que ya estaba bajo la protección del gobierno sueco.

Pero un día descubrí lo que realmente significaba ser el fotógrafo de Wallenberg: fue un mes después, el 28 de noviembre, cuando su secretario me entregó un pedazo de papel con sus instrucciones: "Encuéntrame en la estación Jozsefvarosi. Trae tu cámara".

La terminal de Jozsefvarosi era una estación de fletes en las afueras del pueblo. Tomé mi Leica y subí al tranvía, sin saber qué esperar. A decir verdad, todos, especialmente los incluidos en la lista negra de los nazis, pensaban que pasar inadvertidos era el mejor plan. Quedarse quietos, no estar a la vista. No involucrarse. Aun así, aquí estaba yo, en una cruda mañana de noviembre, dirigiéndome a la estación Jozsefvarosi.

Encontré la terminal rodeada por nazis húngaros y gendarmes rurales. Cualquiera en su sano juicio, estaba tratando de salir. Wallenberg esperaba que yo pudiera entrar. Metí la cámara en uno de mis bolsillos y me dirigí a uno de los gendarmes. Empleando el acento sueco más falso del mundo, hablé con una mezcla de húngaro entrecortado y alemán:

—¡Soy un diplomático sueco! ¡Debo entrar a reunirme con Raoul Wallenberg!

El gendarme me miró incrédulo, pero me dejó pasar. La escena dentro de la estación era desgarradora. Miles de hombres estaban siendo cargados en vagones de ganado. Wallenberg estaba allí, lo mismo que su Studebaker y su chofer, Vilmos Langfelder. Cuando Raoul me vio, caminó hacia mí y me dijo lentamente:

—Toma tantas fotografías como puedas.

¿Fotografías? ¿Allí? Si me atrapaban, me mandarían también en ese tren, con o sin embajada. Me subí al asiento trasero del automóvil y saqué mi cortaplumas. Hice un pequeño corte en mi bufanda y coloqué la cámara dentro de ella. Me bajé y caminé por el patio de trenes tan serenamente como me fue posible, tomando fotografías. Wallenberg tenía su libro negro a la vista.

—¡Fórmense aquí! —los llamó—. ¡Todo lo que tienen que hacer es mostrarme su schutzpass!

Se acercó a la fila de "pasajeros":

—Usted, sí, tengo su nombre aquí. ¿Dónde está su documento?

El asombrado hombre vaciaba sus bolsillos, buscando un papel que nunca tuvo. Sacaba una carta.

—Muy bien. ¡El siguiente!

Los hombres se dieron cuenta de inmediato. Cartas, recetas para lentes, hasta avisos de deportación, se convirtieron en pasaportes a la libertad. En su libro, Raoul y sus asistentes verificaban cuidadosamente o agregaban nombres. Traté de hacerme invisible, sacando fotos, intentando captar la atrocidad de lo que estaba sucediendo.

—¡Tommy! ¡Tommy!

Escuché mi nombre y me volví. ¿Me habrían reconocido?

—¡Tommy! —formado en la fila, casi adentro del tren, estaba mi mejor amigo, George. Él y yo nos habíamos conocido hacía muchos años. Nos habían asignado el mismo asiento en primer grado y habíamos decidido sentarnos juntos a partir de entonces, cada año. Él era académicamente brillante, el alumno que leyó el discurso de despedida de fin de curso en la escuela. Ahora estaba en la fila para morir. Sólo tenía una fracción de segundo para pensar.

Caminé hacia él, lo tomé por el cuello y le dije:

—¡Sucio judío, ven acá! —y señalé hacia la fila de Wallenberg—. ¡Dije que te movieras! ¿Estás sordo? —le di una patada en el trasero. Él entendió y se metió en la línea.

Wallenberg había sacado a centenares de hombres de la fila, cuando se dio cuenta de que los nazis estaban perdiendo la paciencia.

—Ahora, todos ustedes, de regreso a Budapest —dijo.

Los nuevos "suecos" salieron de la estación hacia la libertad. Wallenberg se dirigió a los captores. Comenzó a instruirlos en tono prudente sobre las condiciones sanitarias, la aglomeración en los trenes, cualquier cosa con tal de distraer su atención de los hombres que salían de la estación.

En cuanto ellos tomaron una buena delantera, Raoul y yo regresamos al automóvil, donde esperaba Vilmos. El peligro en el que habíamos estado no me golpeó sino hasta entonces. Este hombre, un sueco que podía haber estado seguro fuera de esta guerra, estaba metiéndose en los patios de trenes, ¡pidiéndoles a otros que hicieran lo mismo!

Cuando regresamos al pueblo, encontré a George, lo llevé a una de las casas de protección de Wallenberg y tomé su fotografía para su schutzpass.

—Permanece aquí hasta que te consiga papeles —le dije.

Al día siguiente, llegó trabajo: más deportaciones de la estación de Jozsefvarosi. Otra vez se me pidió que fuera. Fue una repetición truculenta. Había gendarmes con ametralladoras, estaban amontonando a miles de hombres en los trenes. Allí estaba Wallenberg con su relación y su "libro negro de la vida".

Esta vez mi Leica ya estaba escondida en los dobleces de mi bufanda, y cuando Wallenberg comenzó a vocear nombres comunes que muchos pudieran contestar, comencé a tomar fotografías.

Aquel día, mi primo Joseph estaba entre aquéllos señalados para morir, ya que era uno de los grandes actores de Hungría. Lo saqué de la fila para que se uniera a los centenares de Wallenberg.

Entonces vi mi oportunidad. Caminé alrededor del tren, a pulgadas de los guardias armados. Por el otro lado, el más apartado de la estación, me subí en un vagón que ya estaba lleno. Todavía no cerraban el tren por ese lado. Salté, empujando todo mi peso contra el cerrojo que sostenía la puerta cerrada. El resorte saltó. La larga puerta se deslizó sobre sus carriles.

Los hombres que estaban dentro, quienes hasta hacía un momento permanecían presos en la oscuridad, ahora parpadeaban hacia el cielo de noviembre. "¡Muévanse, rápido!", les dije. Los hombres comenzaron a saltar por la parte de atrás del tren, corriendo hacia la fila en la que Wallenberg continuaba dando pases.

En la estación, Wallenberg vio claramente que se le había agotado el tiempo.

—¡Todos los que han sido liberados por el gobierno húngaro, regresen al pueblo! ¡Marchen!

Al mismo tiempo, un oficial de policía húngaro vio lo que yo estaba haciendo. Me apuntó con su revólver. "¡Tú! ¡Deja de hacer eso!" Raoul y su chofer se metieron en el Studebaker y condujeron hacia mi lado del tren. Raoul abrió la puerta y se inclinó hacia afuera:

—¡Tom! ¡Salta!

No tuve ni un momento para pensarlo. Di el salto más largo de mi vida.

Raoul me jaló hacia adentro y Vilmos pisó el acelerador a fondo. Raoul sonrió y miró hacia la estación.

—¡No creo que regresemos aquí por algún tiempo! —exclamó.

Un par de días después, en las oficinas de Wallenberg en la calle Ulloi, la madre de George vino a verme. Estaba llorando. George había tratado de escabullirse para ver a su novia que estaba en una casa a dos calles de donde se escondiá. Dos matones de las Cruces Flechadas lo habían arrestado en el trayecto. Nunca volví a ver a mi mejor amigo.

Para enero, el ejército soviético estaba cerca de la ciudad, pero los nazis y los Cruces Flechadas todavía gobernaban Budapest. Wallenberg sostuvo una batalla campal para mantener a más de 30.000 personas en casas protegidas y así evitar que fueran agregadas a las 70.000 que ya estaban encerradas en el ghetto central. Estaba haciendo todo lo posible para detener la destrucción del ghetto.

Para ese entonces, había bombardeos constantes de día y de noche, así que cientos de nosotros vivíamos en las oficinas de la calle Ulloi. La noche del lunes 8 de enero aporrearon la puerta de la embajada. En poco tiempo, las Cruces Flechadas irrumpieron con brillantes linternas cegadoras, que iban de cara en cara.

Las Cruces Flechadas no sabían que Edith Wohl estaba arriba, en el conmutador telefónico, y que había hecho una llamada rápida.

—¡Todos en fila! —nos gritó el oficial—. ¡De inmediato! ¡O les dispararemos aquí mismo!

Finalmente estaba sucediendo. Yo permanecía en guardia, de pie en la fila, a punto de marchar hacia mi muerte.

—Muy bien, todos. ¡Es hora de que caminen al río! —exclamó un soldado. Se dirigió a una pareja de compañeros suyos que estaban sentados cerca—. Les toca llevarlos.

—¡Acabamos de regresar de llevar al último grupo! —se quejó uno de ellos—. ¡Todavía tenemos nieve en las botas!

En ese momento, la puerta se abrió bruscamente. Allí estaba Wallenberg.

—¿Qué están haciendo? ¡Estos hombres son suecos! ¡Han cometido una grave equivocación! ¡Déjenlos ir!

El de las Cruces Flechadas se volvió, atónito, para descubrir a policías de Budapest por toda la habitación, con los revólveres desenfundados.

Raoul Wallenberg miró al capitán nazi.

—Ya me escuchó. Déjelos ir. ¡Ahora!

El capitán miró las ametralladoras que lo rodeaban. Miró a los suecos. Y nos dejó ir.

La guerra estaba a pocos días de terminar cuando llegaron malas noticias. Todos los judíos y también los cristianos que vivían en el apartamento de mi familia habían sido arrestados por las Cruces Flechadas, pues habían encontrado una gran provisión de alimentos escondida por la bien conocida Zserbo Confectionery, almacenada en el sótano del edificio. También se llevaron a mis padres; los llevaron directamente al Danubio y les dispararon, y sus cuerpos fueron arrojados al río. Era demasiado tarde para que Raoul pudiera salvarlos.

Pero no fue demasiado tarde para las miles de personas que Raoul había sacado de los trenes y de las "marchas de la muerte". No fue demasiado tarde para las personas del ghetto a quienes Wallenberg y su gente habían salvado de la última asonada de asesinatos y despojo de los judíos, inclusive en los casos en que los escuadrones de fusilamiento ya estaban agrupándose.

La última vez que vi a Raoul Wallenberg y a su chofer, Vilmos Langfelder, estaban preparándose para partir a Debrecen a reunirse con el recién establecido gobierno provisional, e instaurar los programas de reconstrucción. Me preguntó si quería ir, pero yo todavía tenía que averiguar el paradero de mis padres. Los dos hombres partieron el 17 de enero con una escolta soviética. Antes de llegar a Debrecen, fueron tomados en custodia por la NKVD, precursora de la KGB. Ninguno de los dos hombres fue visto afuera de las prisiones soviéticas desde entonces.

He pensado a menudo cómo la muerte trágica de mis padres evitó que desapareciera junto con Wallenberg. Algunas veces pienso que mi vida se salvó para que pudiera contar su historia.

Lo que sucedió con Wallenberg permanece oculto en el misterio hasta el día de hoy, pero lo que hizo por miles de hombres, mujeres y niños permanecerá siempre claro y brillante. Se ha dicho: "Nadie tiene más amor que el que da la vida por sus amigos" (Juan 15:13). Literalmente, no eran sus amigos las personas cuyas vidas salvó Wallenberg; fueron simplemente seres humanos igual que él y, como tales, se sentía responsable por ellos. No fue un superhombre, aunque sus acciones fueron heroicas. Fue una persona ordinaria que desafió a otras personas comunes y corrientes al hacer lo que hizo.

Por eso he contado aquí su historia.

Tom Veres

¿Quién es Jack Canfield?

Jack Canfield es uno de los expertos más reconocidos en Estados Unidos en el desarrollo del potencial humano y la eficiencia personal. No sólo es un orador dinámico y entretenido, sino también un educador como pocos, con una enorme capacidad para informar e inspirar al público y elevar en ellos su estima personal y la motivación para realizarse plenamente en la vida. Es autor y narrador de varios casetes y videos entre los que se incluyen *Self-Esteem and Peak Performance* (La estima personal y la realización plena del individuo), *Self-Esteem in the Classroom* (La estima personal en el aula) y *Chicken Soup for the Soul-Live* (Sopa de pollo para el alma-en vivo). Es un asiduo invitado a programas de televisión como "Good Morning America", "20/20" y "NBC Nightly News". Ha sido coautor de varios libros, incluyendo los de la serie de *Chicken Soup for the Soul* (Sopa de pollo para el alma), *Dare to Win* (Anímate a ganar) y *The Aladdin Factor* (El factor Aladino), todos ellos en colaboración con Mark Victor Hansen; *100 Ways to Build Self-Concept in the Classroom* (Cien maneras de mejorar el concepto de uno mismo en el aula), con la participación de Harold C. Wells, y finalmente *Heart at Work* (Trabajando con el corazón), en colaboración con Jacquelin Miller.

Jack Canfield suele hablar en asociaciones profesionales, distritos escolares, entidades gubernamentales, iglesias, hospitales, organizaciones de ventas y corporaciones. Entre sus clientes figuran: American Dental Association, American Management Association, AT&T, Campbell Soup, Clairol, Domino's Pizza, GE, ITT, Hartford Insurance, Johnson & Johnson, Million Roundtable, NCR, New England Telephone, Re/Max, Scott Paper, TRW y Virgen Records. Jack se desempeña también como docente en Income Builders

International, una academia de estudios empresariales avanzados

Jack dirige un Encuentro Anual de Capacitación para Coordinadores de ocho días de duración, en el que trata los temas de la estima personal y la realización de las metas del individuo. Este programa está destinado a docentes, asesores, expertos en relaciones humanas y empresariales, oradores profesionales, sacerdotes y a todos aquellos interesados en desarrollar su capacidad para hablar en público y dirigir seminarios.

Si desea obtener información sobre libros, grabaciones y cursos de Jack Canfield o para organizar alguna presentación, por favor comuníquese con:

The Canfield Training Group
P.O. Box 30880 • Santa Barbara, CA 93130
Teléfono: 805-563-2935 • fax: 805-563-2945
Visite nuestra página en el Internet o envíenos sus mensajes vía electrónica a: http://*www.chickensoup.com*

¿Quién es Mark Victor Hansen?

Mark Victor Hansen es orador profesional que en los últimos veinte años ha efectuado más de cuatro mil presentaciones ante más de dos millones de personas en treinta y dos países. Sus conferencias versan sobre estrategias y excelencia en ventas, capacitación y desarrollo personal y cómo triplicar las ganancias y duplicar el tiempo libre.

Mark ha dedicado su vida a generar cambios profundos y positivos en la vida de la gente. A lo largo de su carrera, ha motivado a cientos de miles de personas a consolidar y a orientar mejor su futuro, logrando alcanzar a su vez billones de dólares en utilidades por ventas de bienes y servicios.

Es también un escritor prolífico, autor de *Future Diary* (Diario del Futuro), *How to Achieve Total Prosperity* (Cómo lograr la prosperidad total) y *The Miracle of Tithing* (El milagro del diezmo), entre otros libros. También es coautor de *Chicken Soup for the Soul* (Sopa de pollo para el alma), *Dare to Win* (Anímate a ganar) y *The Aladdin Factor* (El factor Aladino) con Jack Canfield, y *The Master Motivator* (El experto motivador) con Joe Batten.

Mark ha producido una colección completa de casetes y videocintas sobre capacitación personal que ha permitido a su audiencia reconocer y utilizar sus habilidades innatas en los negocios y en la vida personal. Su mensaje lo ha convertido en una personalidad famosa en la radio y la televisión, habiéndose presentado en programas de ABC, NBC, CBS, HBO, PBS y CNN. También ha aparecido en numerosas portadas de revistas como *Success, Entrepeneur* y *Changes*.

Mark es un gran hombre, con un gran corazón y un gran espíritu —una fuente de inspiración para quienes tratan de superarse día a día.

Si desea obtener más información acerca de Mark, escriba a:

Mark Hansen
P.O. Box 7665
Newport Beach, CA 92658
Teléfono: 714-759-9304 ó 800-433-2314
fax: 714-722-6912
Dirija sus mensajes electrónicos a
http://*www.chickensoup.com*

¿Quién es Patty Aubery?

Patty Aubery es vicepresidenta del Grupo de Capacitación Canfield y de los Seminarios de Estima Personal, Inc. Patty empezó a trabajar para Jack Canfield en 1989, cuando Jack todavía dirigía la organización desde su casa en Pacific Palisades. Patty ha trabajado con Jack desde el nacimiento de *Sopa de Pollo para el alma* y todavía guarda en la memoria los días de lucha para introducir el libro al mercado. Patty dice: "Recuerdo que me sentaba en los mercados callejeros, con un temperatura de 35 grados, tratando de vender el libro a personas que se detenían, le echaban un vistazo, ¡y seguían caminando al puesto de al lado! Pensaban que estaba loca. Todos decían que estaba perdiendo mi tiempo. Y ahora heme aquí. Se han vendido catorce millones de ejemplares de los primeros 11 libros, ¡y yo he sido coautora de dos de los libros en la serie *Sopa de pollo!*"

Patty es coautora de *Sopa de pollo para el alma del sobreviviente: 101 historias de valor e inspiración de aquéllos que han sobrevivido al cáncer*. Ha sido invitada a más de 50 programas de radio, tanto locales como nacionales.

Patty está casada con Jeff Aubery y tienen un hijo de dos años llamado J.T. Aubery. Patty reside con su familia en Santa Barbara, California, y puede ser localizada en: The Canfield Training Group, P.O. Box 30880, Santa Barbara, CA 93130. El número de teléfono es 1-800-237-8336, o fax 805-563-2945.

¿Quién es Nancy Mitchell?

Nancy Mitchell es directora de publicaciones del Grupo Canfield y gerente de los derechos de autor y permisos. Se graduó en la Universidad de Arizona en mayo de 1994, con una licenciatura en enfermería. Después de graduarse, Nancy trabajó en el Centro Médico Regional Buen Samaritano en Phoenix, Arizona, en La Unidad Cardiovascular de Cuidados Intensivos. Cuatro meses después de su graduación, Nancy regresó a su ciudad natal, Los Ángeles. Su hermana y coautora, Patty Aubery, le ofreció empleo de medio tiempo para trabajar con Jack Canfield y Mark Victor Hansen. Las intenciones de Nancy eran ayudar a terminar *Una segunda ración de sopa de pollo para el alma* y luego trabajar de nuevo en enfermería. Sin embargo, en diciembre de 1994, se le pidió que continuara trabajando, ahora de tiempo completo, en el Grupo Canfield. Nancy dejó de lado su carrera de enfermería y se convirtió en la directora de publicaciones, trabajando estrechamente con Jack y Mark en todos los proyectos de *Sopa de pollo para el alma*.

Nancy dice que su mayor agradecimiento es por haber regresado a Los Ángeles. "Si no hubiera vuelto a California, me habría perdido la oportunidad de estar con mi madre durante su lucha contra el cáncer de pecho. En este momento, mi prioridad es estar con ella y con mi familia." A causa de esa lucha, Nancy escribió en coautoría *Sopa de pollo para el alma del sobreviviente: 101 historias de valor e inspiración de aquéllos que han sobrevivido el cáncer.* Nancy se estableció recientemente en Santa Bárbara cdon el Grupo Canfield y puede ser localizada en The Canfield Group, P.O. Box 30880, Santa Barbara, CA 93130. El teléfono es 805-563-2935 y su número de fax es 805-563-2945.

Colaboradores

Teresa Anne Arries es investigadora, oradora y escritora independiente, cuyas obras se han publicado en revistas cristianas y seculares. Anteriormente contribuyó como editora para el boletín Biblia-Ciencia. La investigación de Terry y sus contactos en todo el país hicieron posible un programa para "20/20" en ABC, sobre "La educación acerca de la muerte en las aulas públicas". Puede localizarla en P.O. Box 4433, Pagosa Springs, CO 81157, o llamarla al 970-731-2525.

Sandy Beauchamp es una enfermera titulada, sobreviviente de cáncer durante 18 años. En su práctica, ha llegado a identificar la necesidad de nutrir el alma, así como proporcionar cuidado físico para el mantenimiento y obtención de la salud. Sandy ha publicado cinco artículos. Con su propuesta para el toque curativo, Sandy puede localizarse en 129 Timbers Dr., Slidell, LA 70458.

Anne Bembry vive con su esposo Dan en Live Oak, Florida. Tienen siete hijos. Anne es actualmente supervisora de turno en el Corrections Corp. of America. Trabaja como funcionaria en el campo correccional, así como en la guardia nacional.

Bits & Pieces, la revista que inspira al mundo, ha motivado y cautivado a millones de personas durante casi 30 años. Para obtener un ejemplar gratuito llame al 1-800-526-2554. Esta revista se publica en inglés, español y japonés.

James C Brown, Doctor en Medicina, es esposo de Justine y padre de Ryan y Sally. Él ha consagrado su vida al cuidado de niños, y se desempeña además como profesor de la Facultad de Medicina de la Universidad de Creighton en Omaha, Nebraska, donde dice disfrutar su carrera como docente. El Dr. Brown es escritor, escultor en bronce, maestro y con su esposa Justine, se dedica a la crianza y entrenamiento de caballos de tiro belgas. Al Dr. Brown lo puede localizar en el Centro Médico de la Universidad de Creighton, Departamento de Radiología, 601 N. 30th Street, Omaha, NE 68131-2197, o si prefiere puede llamarlo al 402-449-4753.

Jeanine Marie Brown es escritora independiente y vive en Placentia, California. Se graduó en la Universidad Azusa Pacific y ha enseñado inglés y oratoria en preparatoria durante siete años. Jeanine se especializa en narraciones personales y ficción corta. Se le puede localizar en 2300 W. Worth Ave., La Habra, CA 90631.

Jeanne Williams Carey crió a ocho hijos y a numerosos hijos adoptivos. Esto la ha mantenido felizmente ocupada. Se aventuró en la educación y le tomó gusto a enseñar. Fue directora de una escuela durante un corto tiempo. Jeanne escribe ahora historias sobre el auténtico valor, las esperanzas brillantes y la alegría de la gente que sabe que ésta es una gran vida.

Rebecca Christian es autora teatral, escritora de viajes, oradora y columnista que se crió en Dubuque, Iowa. Su trabajo ha aparecido en más de cien revistas y periódicos. Se le puede localizar en 641 Alta Vista St., Dubuque, IA 52001, o si prefiere, puede llamarla al 319-582-9193.

Charles W. Colson fue asistente especial del presidente Richard Nixon y fue encontrado culpable de delitos relacionados con el Watergate en 1974; cumplió siete meses en prisión. Actualmente es el presidente de la asociación Prison Fellowship, ubicada en Reston, Virginia. Es autor de numerosos libros, entre los cuales está el éxito de librería Nacido otra vez.

Jenna Day es poetisa, escritora y educadora; vive en el

oeste de Maine con su familia. Ha publicado varios poemas y actualmente trabaja en una colección de cuentos cortos acerca de crecer en el campo de Maine. Puede localizársele en R.R. # 1, Box 364, Brownfield, ME 04010.

Vera A. Fortune vive en Madison, Wisconsin, donde trabaja tiempo completo para el estado de Wisconsin. Tiene cuatro hijos, 11 nietos y otro en camino. Vera fue víctima de un terrible accidente automovilístico el 14 de mayo de 1996, por el que tuvo que someterse a cirugía de emergencia para reconstruir su tobillo y en la que tuvieron que implantarle una placa de metal y ocho tornillos. Desde entonces, la mayor parte de su vida ha estado dedicada por completo a su recuperación y a tratar de superar las repercusiones de ese accidente.

Bárbara Frye es profesora asociada de salud internacional y gerente del programa de salud del niño en la Escuela Universitaria Loma Linda en Salud Pública. Da consulta a nivel internacional en las áreas maternales y de salud del niño, viajando por África, el Sudeste asiático y América Latina.

Marilyn Dunham Ganch es nativa de Houston, Texas y se graduó en la Universidad de Texas en Austin, con licenciatura en inglés y periodismo. Actualmente es gerente de oficina en una clínica médica y madre de una hija adolescente. Como escritora inspirada, ha escrito cuentos cortos, poesía y ensayos personales. Puede ponerse en contacto con ella en 9703 Harrowgate, Houston, TX 77031.

Austin Goodrich sirvió como soldado de infantería, en el cuerpo de zapadores, en la Segunda Guerra Mundial, antes de terminar las carreras de periodismo y espionaje. Actualmente lleva una vida "semidomesticada" escribiendo historias, discursos, libretos y documentos de investigación, por los que obtiene una considerable satisfacción y una no negociable suma de 25 centavos por palabra. Localícelo en el 414-427-1030.

Laverne W. Hall ha hecho radio, TV e importantes entrevistas periodísticas y ha publicado un libro de poesía. Ella puede ser localizada en 3994 Menlo Dr., Atlanta, GA 30340, o en el 770-491-8887.

Beverly Hulsizer trabaja como asistente de personal para Procter & Gamble en Cincinnati, Ohio. Ella y su esposo George han estado casados durante 34 años y tienen dos hijas, Amy y Beth. Beverly se crió en Bethlehem, Pennsylvania.

Bruce Humphrey. Dirige la Iglesia Presbiteriana de Trinity, la cual ha aumentado de 250 a 650 miembros durante sus 10 años de liderazgo. Autor de cinco libros, Bruce es conocido como un predicador que narra historias. Con dos doctorados, Bruce habla en seminarios, campamentos, retiros y renovaciones. Puede localizársele en 630 Park Ave., Prescott, AZ 86303.

Virginia Jarvis (Ginny) radica en Bay City, Michigan, es casada y madre de tres niños. Disfruta jugando al boliche y al golf. Durante 15 años ha trabajado para el Centro Médico de la Administración para Veteranos en Saginaw, Michigan y es experta en registros de pacientes. Éste es su primer artículo y está muy orgullosa de que se publique en *Sopa de pollo para el alma cristiana.*

Virginia Johnson sabe que mucha gente ha experimentado sucesos milagrosos con sus seres queridos ya fallecidos. Si usted quiere compartir sus experiencias con Virginia, puede llamarle al 816-587-6054. Es un paso enorme en el proceso de recuperación. Gracias a Meg Lundstrom, Ron continúa tocando muchas vidas, como lo hizo en el tiempo en que vivió sobre la tierra.

The Joyful Noiseletter es un boletín mensual de la Confraternidad de Cristianos Felices (FMC) y ha brindado bromas limpias, caricaturas y humor santo a editores de boletines de iglesias y a pastores durante 11 años. El boletín ha ganado premios de excelencia de la Prensa Asociada de la Iglesia, la Asociación de Prensa Católica y la Asociación Evangélica de Prensa. Para información sobre "The Joyful Noiseletter" y otros recursos humorísticos sagrados de la Confraternidad, llame al 800-877-2757 o escriba a la FMC, P.O. Box 895, Portage, MI 49081.

Ida Mae Kempel es colaboradora conocida de muchas revistas cristianas. También es autora de tres libros; el último, *¿Qué había en el huevo de Jeremy?, y Otras historias*, es una compilación con parte de su trabajo. Para ordenar libros o solicitar una entrevista, escriba a Nascent Press, 2137 Otis Dr. # 302, Alameda, CA 94501, o llame al 510-523-8741.

Edward Koper no es un orador reconocido internacionalmente, pero es un hombre felizmente casado con una esposa maravillosa, Diane, y tiene dos hijas extraordinarias, Emily y Rachel. Ed se siente afortunado por haber sido tocado por Dios en su vida en una forma sencilla y espera que todos aprendan a reconocer la mano de Dios en sus vidas. Ed puede ser localizado en el 908-566-3130.

Priscilla Larson es autora de *El peligro más extraño* (Tyndale House, 1991) y numerosos artículos para muchas publicaciones. Lo que más le gusta son las entrevistas y demostrar cómo la fe ayuda en momentos difíciles. Se le puede localizar en 117 Lincoln St., Lexington, MA 02173, o puede llamarla al 617-862-8918.

Richard Lederer ha publicado más de dos mil artículos y libros sobre lenguaje, incluyendo su serie de metidas de pata *Anguished English* (Inglés angustiado), *More Anguished English* (Más inglés angustiado) *y Fractured English* (Inglés fracturado). Ha sido elegido como "El especialista internacional del año en juegos de palabras" y ha colaborado en las revistas *The New Yorker* y *People*. Su columna semanal, "Mirando el idioma", aparece en periódicos y revistas a lo largo de los Estados Unidos. Ofrece 150 conferencias cada año y es comentarista del lenguaje para la radio. Puede escribirle a 9974 Scripps Ranch Blvd., Ste. 201, San Diego, CA 92131, o llamarlo al 619-549-6788, o por e-mail: richard.lederer@pobox.com;// www.pobox.com/verbivore.

William J. Lederer es graduado de la Academia Naval de Estados Unidos en Annapolis, Maryland. Es autor de 16 libros, incluyendo *El americano feo*, *Una nación de ovejas y Todos los buques al mar*. Fue "Compañero Nieman" de la Universidad de Harvard y corresponsal en el lejano Oriente para *Reader's Digest*. William está ahora trabajando en el libro *Cómo llegar a ser un autor exitoso*, una serie de entrevistas con 51 escritores internacionalmente famosos.

Meg Lundstrom vive en Nueva York, es coautora de *El poder de la corriente: formas prácticas para transformar su vida por medio de la coincidencia significativa* (Harmony, 1997).

Ray L. Lundy es ministro, poeta y orador, escribe artículos en revistas y tiene una columna semanal en un periódico local. También ha escrito un libro titulado *Héroes especiales*. Ray puede ser localizado en P.O. Box 217, Fair Bluff, NC 28439, o puede llamarlo al 910-649-7178.

Paula McDonald es una autora de gran éxito que ha vendido más de un millón de ejemplares de sus libros sobre las relaciones humanas y ha ganado numerosos premios internacionales como columnista, escritora y periodista gráfica. Es considerada una conferencista de nivel nacional, sobre las relaciones y la comunicación en la familia, así como una popular oradora, tanto en los Estados Unidos como en otros países. Paula está disponible como oradora o escritora y se le puede localizar a través de Creative Consultants, 417 W. San Ysidro Blvd., Suite L724, San Ysidro, CA 92173. Tel/fax: (Rosarito, México): 011-52-66-313173, o e-mail: 102526.356@compuserve.com.

Andrea Nannette Mejia es escritora, empresaria, actriz y madre de tres niños maravillosos a quienes enseña en casa. Fundó la compañía Dulces y Chocolates Celestialmente Horneados por Andrea y ha ganado muchos premios en la feria del condado de Los Ángeles. Puede localizarla por e-mail: TNT4GOD@juno.com.

Helene Montone ha estado casada por 16 años y ha sido enfermera en un hospital urbano del centro de la ciudad durante 21 años. Nunca había escrito. Está agradecida tanto con Jesús como con los padres biológicos de su hijo, por darle a su familia tanta alegría. Helene espera que esta historia les traiga una sonrisa, les llegue al alma o ayude a algún corazón desconsolado.

Jeanne Morris nació en Norfolk, Virginia, y creció en Playa Chesapeake. Fue a la preparatoria en Picton, Ontario, y luego se matriculó en la Universidad de Houston. Todavía vive en Houston, Texas, donde ella y su esposo cultivan un jardín de oraciones para su iglesia: la Iglesia Metodista Unida Aldine. El jardín ofrece servicios especiales para las víctimas supervivientes de homicidio. Ella también es miembro activo de Padres de Hijos Asesinados. Puede localizar a Jeanne en 1905 Bennington Rd., Houston, TX 77093.

Edward B. Mullen es biólogo de la vida silvestre que

trabaja en Santa Barbara, California. Actualmente escribe una serie de historias relacionadas con la naturaleza. Puede ponerse en contacto con él en 816 State St., Santa Barbara, CA 93101 o llamar al 805-984-8899.

Judith E. Peitsch ha escrito poesía y música durante los últimos 25 años y es una dotada pianista. Está casada, tiene un hijo que asiste a la Universidad y es secretaria en una agencia de publicidad. Se le puede contactar al 32456 Ridgefield, Warren, MI 48093.

Gary Smalley es orador y autor internacionalmente reconocido, cuyo tema favorito son las relaciones familiares. Ha vendido nueve millones de ejemplares de sus libros y videos. Es el presidente de Familia de Hoy, establecida en Branson, Missouri. La agenda de seminarios de Gary la puede obtener llamando al 800-84-TODAY o en http://www.GarySmalley.com.

Dawn Stobbe se siente agradecida por cada nuevo día, por su familia y amigos, y por su vida. Es una sobreviviente del cáncer y cree en la oración y en los milagros. Ella y su esposo, Rich, comparten siete hijos. Dawn y Rich son los creadores de artesanías de Milagro (artesanías de madera y roca con el tema de los milagros). Puede localizar a Dawn en P.O. Box 5412, Grand Island, NE 68802.

Tom Suriano es el hijo de Jim y Evelyn Suriano, de Martins Ferry, Ohio. Es guía consejero en preparatoria y entrenador de fútbol; él y su esposa Kim tienen dos hijas, Susan y Stephanie. Siendo un educador de 41 años, Tom, quien tiene una maestría como consejero y 20 años de experiencia en la educación, se siente bendecido por su recién encontrado cristianismo a través de una fuerte fe en Jesucristo.

Tom Veres fue a quien Raoul Wallenberg encargó

documentar cómo dos suecos realizaban el extraordinario rescate de millares de judíos húngaros de los comandos de Adolph Eichmann en 1944. Tom así lo hizo, poniendo en riesgo su propia vida. Dos de sus fotografías constituyeron la base del homenaje que el servicio postal americano hizo a Wallenberg en 1997. Trabaja como fotógrafo comercial en la ciudad de Nueva York. Más de su historia se cuenta en la biografía *Raoul Wallenberg: el hombre que detuvo a la muerte*, la cual puede encargarla a JPS al 800-234-3151. Veres actualmente se encuentra trabajando en su autobiografía.

Catherine Verlenden es una consejera laica, misionera provisional y escritora independiente de artículos para publicaciones cristianas.

Linda Vlcek vive en Sierra Madre, California. Ha estado casada 30 años y ha criado a tres hijos. Ha trabajado en el Hospital Huntington Memorial de Pasadena durante 30 años. Principalmente, es una fervorosa creyente de Jesucristo y continúa atestiguando sus milagros en su vida familiar y las de sus amigos.

Arnold Watts es, primero y más que nada, un cristiano; después estadounidense, veterano, esposo, padre, abuelo, masón, león y, por último, pero no menos, de vez en cuando y siempre, poeta. Tiene todos estos aspectos en alta estima.

Kathleen Weber y su esposo han criado cinco hijos en Boston, Nueva York. Ella es bibliotecaria en una escuela católica y también trabaja en Weight Watchers. Kathy es una activista en varias organizaciones de la iglesia y la comunidad, y disfruta de la poesía tanto como de las artes.

Jeannie S. Williams es una prolífica autora y conferencista, y una gran narradora de historias. Es miembro de la Confraternidad de Magos Cristianos y ha entretenido al público durante años con su creatividad. Jeannie comparte la magia de trabajar con niños en su más reciente libro *¿A qué hora es el recreo?* Su dirección es P.O. Box 1476, Sikeston, MO 63801.

www.chickensoup.com